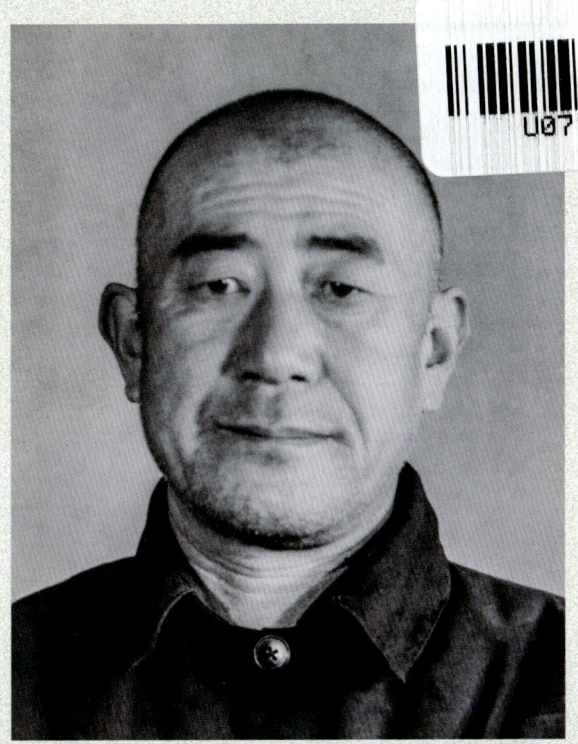

恩师李怀玉先生

恩师王贯先生

恩师陈庆州先生

恩师王贯与陈庆州

受教于恩师王贯先生

请教冯志强老师

请教陈小旺老师

请教陈立清老师

参加意大利武术世界杯获奖

蝉联焦作国际太极拳交流大会推手冠军

《太极拳》杂志封面

太极实战演示

龙之健·尊古陈式太极拳系列

缠丝功精讲

姜启健 著

人民体育出版社

图书在版编目（CIP）数据

缠丝功精讲 / 姜启健著. -- 北京：人民体育出版社，2021 (2022.8重印)
（龙之健·尊古陈式太极拳系列）
ISBN 978-7-5009-5815-4

Ⅰ.①缠… Ⅱ.①姜… Ⅲ.①陈式太极拳—基本知识 Ⅳ.①G852.11

中国版本图书馆CIP数据核字(2022)第099092号

*

人民体育出版社出版发行
三河兴达印务有限公司印刷
新 华 书 店 经 销

*

880×1230　32开本　7.5印张　183千字
2021年1月第1版　2022年8月第2次印刷
印数：3,001—4,500册

*

ISBN 978-7-5009-5815-4
定价：30.00元

社址：北京市东城区体育馆路8号（天坛公园东门）
电话：67151482（发行部）　　邮编：100061
传真：67151483　　　　　　　邮购：67118491
网址：www.psphpress.com
（购买本社图书，如遇有缺损页可与邮购部联系）

内容简介

本书系姜启健先生编写的太极拳系列丛书之一。旨在大力推广传统而古老的陈式太极拳，其主题是尊重先贤，尊重古师，故称"尊古太极"。"龙之健"是姜启健先生为传播太极文化，且在国家商标局注册的武术健身培训机构的名称，故命名为《龙之健·尊古陈式太极拳系列》丛书。

丛书共分三大系列：（一）尊古太极拳系列。包括陈式太极拳基础理论、陈式太极拳缠丝功、陈式太极拳站桩功、陈式太极拳行功太极球、陈式太极拳太极行功棒等各种功法练习，以及陈式太极拳老架一、二路，陈式太极拳各种器械、太极拳传统推手、现代竞技推手等。（二）国家武术段位制系列。陈式太极拳一段至六段的单练和对打，以及拆招运用等。（三）彭祖导引养生系列。八段锦、五禽戏、易筋经、六字诀和彭祖养生实用功法等。每套丛书内容翔实，图文并茂，还可以扫码看视频，讲解准确，实用性强，适合各层次人士借鉴和使用。

作者简介

姜启健先生，1967年出生在历史文化名城——徐州。徐州历来是兵家必争之地。这里地理位置特殊，历史文化底蕴深厚，全民尚武氛围浓郁。无论早晚，街头巷尾、公园景点、田间地头，随处可见人们矫健的习武身影。据统计，徐州现有一千多所各类武馆、武校，这在全国都是名列前茅的。徐州还是最早被授予"全国武术之乡"称号的城市之一。

姜启健先生自小在这种环境中长大，耳濡目染中养成了爱好武术的习惯。他自幼喜欢舞枪弄棒，加上他聪明伶俐、勤奋好学，很快在同龄的小伙伴中脱颖而出，成为他们中间的佼佼者。上中学时，他因身体素质出众，被校田径队选中，成为校田径队队员，开始接受正规的田径训练，后来以优异的成绩考进体育院校。在大学里，姜启健的各门功课，不论是理论课，还是专业技术课，都非常优秀，这为他日后武术事业的发展打下了扎实的理论基础和全面突出的身体基础。

大学毕业后，经朋友介绍，姜启健先生认识了徐州市武术名宿、杨式太极拳名家李怀玉先生，并拜其为师，系统学习传统杨式太极拳、形意拳和太极推手。李先生11岁时拜韩崇信先生为师（韩崇信先生是杨式太极拳宗师杨澄甫先生之高徒吴志清的挚交），由于其体弱多病，韩先生开始教授李怀玉传统杨式太极拳及推手技艺，后李怀玉又师从徐州武术名家张仁甫、吕成印两位先生，继续深造太极拳、形意拳、八卦掌及推手。中华人民共和国成立初期，李先生有幸得到邓宝光的亲手指教，拳艺精进。是李怀玉老师把姜启健引入了神圣的太极殿堂。姜启健后因工作调动，又拜在（洪传）陈式太极拳第二代传人王贯先生门下，学习（洪传）陈式太极拳、金刚十八手（俗称"太极拳三路、太极长拳108式"）、太极剑及推手。王贯先生，自号"墙外人玄笈"，离休老干部，中华人民共和国成立前是铁道游击队队员、老沛县师范毕业生，20世纪60年代起师从太极拳一代宗师洪均生，经几十年的潜心研究，功力深厚，见解独到。姜启健在随王贯先生练拳的几年间，凭借其吃苦精神、聪慧头脑、过人悟性深得王贯先生喜爱，尽得其真传。并且，王贯先生亲自把姜启健推荐到他的好友、有"太极隐士"之美誉的当代太极拳大师陈庆州先生门下，系统学习尊古陈式太极拳老架一、二路和各种太极器械、太极推手、太极散手及各种功法。

　　之后，姜启健到全国各地遍访名师，曾得到过冯志强、陈小旺、陈立清等当代太极拳名家的指点，功夫日臻化境，形成了自己独特的拳术风格。其拳势开合有度、洒脱自然、虚实结合、连绵贯穿、松活弹抖、动如飙风、静如山岳，深得太极拳之奥妙。对于每个拳式的用法，更是悉心研究、演练、揣摩、借鉴，注重以实践进行验证，不断改进。看姜启健先生练拳，感觉太极拳式无一不是攻防兼备，妙用无穷，每招每式用法多变，各种手法更是层出不穷，摔、打、擒、拿尽在其中，太极八法随处表现，推手、散手更是随心所欲，收发自如，令人赏心悦目，尽显太极拳之精妙，真是一种艺术享受。

姜启健先生用辛勤的耕耘换来丰硕的收获，近年来共获得国际级比赛金牌近20枚，并在太极拳界公认规格最高、难度最大的焦作国际太极拳年会上蝉联80公斤级推手擂台赛冠军。其具体成绩如下：2001年，参加珠海国际太极拳交流大会，获太极推手80公斤级第二名、太极剑金牌、太极拳银牌；2002年，参加焦作国际太极拳年会，获太极推手80公斤级第一名、太极剑金牌、太极拳金牌；2003年，参加全国太极拳比赛，获太极拳银牌、春秋大刀优秀表演奖；2004年7月，获全国轻工院校"江西盐矿杯"大学生太极拳比赛优秀表演奖；2005年1月，参加中国哈尔滨"三精制药杯"国际太极拳邀请赛，获陈式太极拳、陈式太极剑、陈式太极刀3块金牌；2005年8月，参加第三届中国焦作国际太极拳交流大会，获陈式太极剑金牌、陈式太极拳金牌，并蝉联太极推手80公斤级第一名；2005年12月，参加意大利第十届世界杯武术锦标赛，获陈式太极拳、陈式太极剑金牌。

姜启健先生不仅自己功夫好，教学水平也堪称一流，这得益于他深厚的专业文化基础。2005年8月，在第三届中国焦作国际太极拳交流大会上，姜启健以精湛的技艺征服了观众，每场比赛都是大比分战胜对手，让对手输得口服心服，并蝉联了该级别的冠军。他带领4名学生和自己一同参加推手擂台赛，一举夺得4个级别的第一名，成为本次大赛的最大赢家，在太极拳界引起很大轰动。

近年来，姜启健为推广传播太极拳四处奔走，多次应邀赴美国、意大利、新加坡、泰国、日本等地讲学交流，并多次受聘到香港、上海、深圳、广州、昆明、温州、福州、南京、马鞍山、南通、淮安、蚌埠、苏州、漯河、沈阳和哈尔滨等地传拳，为推广陈式太极拳作出了卓越贡献。

姜启健先生现为国家武术八段，国际太极拳年会太极拳名师，国家级武术段位制辅导员、国家级武术段位制考评员，徐州市龙之健武道馆馆长、总教练，徐州市陈式太极拳陈庆州功夫推广中心总教练，徐州益寿源彭祖文化研究中心主任，徐州市陈式太极拳研究会副会长，马鞍山市陈式太极拳协会顾问，日本国际武术空手道（香港支部）陈式太极拳总教练，中国交通银行徐州分行陈式太极拳总教练，沈阳市孙凤祥武术馆陈式太极拳总教练，徐州市"武术进校园"总负责人，扬州市宝应县太极拳协会荣誉会长。

鉴于姜启健先生的优异成绩，以及他在国际武术界的影响和对中国武术发展传播作出的积极贡献，国际武术联盟总会特授予其世界杰出武术名人金牌奖。

假以时日，姜启健先生定能为太极拳在全世界的发展作出更大贡献！

前　言

太极拳是我国珍贵的文化遗产，在国际上享有崇高地位。它在健身和技击方面有着很好的作用，深受广大太极拳爱好者的推崇。目前，许多国家和地区都在研究和大力推广太极拳，致力于提高本国及本地区人民的身体健康水平，改善生活质量，而专门的太极拳研究和推广机构也越来越多，每年专程来我国学习和交流的太极拳爱好者也日益增多。通过太极拳的交流，加深了各国人民之间的友谊，同时也宣传了我国的传统文化。

据记载，陈式太极拳明末清初由陈王廷所创，至今已有近400年历史，陈氏第九世陈王廷为陈式太极拳第一代。经五代传至陈氏十四世、陈式太极拳第六代陈长兴时，太极拳发展到一个新的阶段，他将陈王廷创编的七路拳改编成两路。第一路七十四式，现在的人们再加上收势，共七十五式；第二路四十四式。第一路柔多刚少，刚柔相济；第二路刚多柔少，爆发力强，因此又名炮捶。后人把陈长兴所定的拳架称为"老架"（亦称"大架"）。

通过陈式太极拳的练习，可以逐步揣摩太极拳刚柔相济之特点，即所谓的"知己的功夫"；通过推手的训练，运用粘、黏连、随的方法以求得懂劲，即所谓的"知彼的功夫"。《孙子兵法》云："知己知彼，方能百战百胜。"陈式太极拳的盘架子和推手要同步进行，交替练习，不应有所偏颇，才能尽快掌握懂劲的功夫，达到散手的程度，进而学以致用。

习练太极拳者都知道："太极拳，缠丝也。"然而，怎么理解这句话，则是仁者见仁，智者见智了。很多太极拳初学者都会问："老师，我要用多长时间才能够学会太极拳？"这个问题看似简单，其实非常难以回答。为什么这样说呢？首先，会打一个或若干套路就算会太极拳了吗？我看未必！不懂太极拳的缠丝劲，打拳时体现不出缠丝劲，推手时运用不上缠丝劲，即便是会演练的套路再多，我认为亦是门外汉！反过来讲，即使不会套路，仅仅会练缠丝功，但方方面面都能做到位，太极拳的各种要求都具备，太极的深层感觉就会获得，我认为就算进入了太极的殿堂。笔者先后师从三位恩师达16年之久，从事太极拳传播与教学工作也有近20年的时间，期间对太极拳缠丝功有一些心得体会和教拳经验，甘愿奉献给广大的太极拳爱好者，与各位同道分享，旨在抛砖引玉，促进交流，共同提高。

本套丛书旨在揭秘和诠释古老的太极拳术，力求把复杂的问题简单化，神秘的问题科学化，抽象的问题具体化，以便广大拳友阅读和演练。但因笔者文字功底有限，书中描述难免有不足和欠缺之处，敬请各位武林同道批评指正。

姜启健
2018年夏

练拳须知

（1）学太极拳以敬为主，不敬则外谩师友，内谩自身，心不敬，何能学艺？

（2）学太极拳一定要"尊师"。师父爱徒弟"诚心"，方能授予真传。

（3）学太极拳一定要能"吃苦"。武术又叫苦术，学得惊人艺，须得下功夫，不受苦中苦，难成人上人。

（4）学太极拳一定要心细。笔勤的人才能手快，心细的人才能手巧。招招要揣摩，势势要留心。不揣摩，不留心，来龙去脉搞不真。

（5）学太极拳不可性急。不要今天学拳，明天就想用上。千遍万回多多演，招到熟时巧自生。

（6）学太极拳不可狂。手狂则多生事端，言狂则必增口过。事虽属武，要学文人之风雅，不然必轻于外而失于中。

（7）学太极拳，在未懂劲之前，不可随意革新。陈式太极拳的演变是历代名家根据时代的要求，随社会进步而革新。我们在继承和掌握前辈的精华后，可以利用今天的科技成果，继续为太极拳的发展贡献出自己的智慧和力量。

（8）学太极拳先学读书。没有理论的实践是盲目的实践，没有实践的理论是空洞的理论。明白拳理，学拳自然容易。

（9）学太极拳不可自满。满则招损。俗语云：天外有天，人外有人。能谦，则虚心受教于人，谁不乐告之以善哉？积众善以为善，善莫大矣。

（10）学太极拳不可借以盗窃抢夺之资。如借以抢夺，是天夺之魄，鬼神弗佑，而况人乎？天下孰能容之？

目 录

第一章　概论 …………………………………………（1）

　第一节　陈式太极拳的由来与演变………………（1）
　第二节　陈式太极拳的特点………………………（6）
　第三节　陈式太极拳对身体各部位的要求………（50）
　第四节　陈式太极拳十大要领……………………（56）

第二章　龙之健·尊古陈式太极拳缠丝功…………（66）

　第一节　缠丝功简介………………………………（66）
　第二节　丹田缠丝…………………………………（69）
　第三节　单手缠丝…………………………………（73）
　　一、左手正圈定步单手缠丝……………………（73）
　　二、左手正圈活步单手缠丝……………………（76）
　　三、右手正圈定步单手缠丝……………………（78）
　　四、右手正圈活步单手缠丝……………………（81）
　　五、左手反圈定步单手缠丝……………………（83）
　　六、左手反圈活步单手缠丝……………………（86）

七、右手反圈定步单手缠丝……………………（89）

　　八、右手反圈活步单手缠丝……………………（92）

第四节　双手缠丝……………………………………（94）

　　一、双手正圈定步左侧双手缠丝………………（94）

　　二、双手正圈活步左侧双手缠丝………………（98）

　　三、双手正圈定步右侧双手缠丝………………（100）

　　四、双手正圈活步右侧双手缠丝………………（104）

　　五、左手反圈右手正圈定步双手缠丝…………（106）

　　六、左手反圈右手正圈活步双手缠丝…………（110）

　　七、右手反圈左手正圈定步双手缠丝…………（112）

　　八、右手反圈左手正圈活步双手缠丝…………（116）

　　九、双手反圈定步双手缠丝……………………（118）

　　十、双手反圈活步双手缠丝……………………（121）

　　十一、双拳反圈定步双手缠丝…………………（124）

　　十二、双拳反圈活步双手缠丝…………………（126）

第三章　太极拳经典理论………………………………（129）

　一、太极拳论　王宗岳…………………………（129）

　二、太极拳十大要论　陈长兴…………………（130）

　三、太极拳经总歌　陈王廷……………………（136）

　四、太极拳总论　陈照丕………………………（137）

　五、太极拳发蒙缠丝劲论　陈鑫………………（138）

　六、总论拳手内劲刚柔歌　陈鑫………………（138）

七、官骸十三目语录　陈鑫……………………………（139）

八、太极拳法歌解　杨澄甫…………………………（146）

九、争走要诀　陈鑫……………………………………（149）

十、陈鑫太极拳论分类语录　陈鑫……………………（150）

十一、界限　陈鑫………………………………………（175）

十二、子明论拳　陈子明………………………………（176）

十三、揭手拳论　陈鑫…………………………………（181）

十四、太极拳经谱　陈鑫………………………………（187）

十五、太极拳之练习谈　杨澄甫………………………（189）

十六、用武要言（三三拳谱）　陈鑫…………………（192）

十七、陈氏太极拳的五层功夫　陈小旺………………（194）

第四章　后记……………………………………………（202）

第一节　我的太极"苦"旅……………………………（202）

第二节　龙之健·尊古陈式太极拳传承表……………（211）

跋一……………………………………………………（212）

跋二……………………………………………………（214）

主要参考文献…………………………………………（217）

第一章 概论

第一节 陈式太极拳的由来与演变

陈式太极拳，重在师承渊源。学习太极拳，须明流传与演变。太极拳之源流传说不一，前人已有考证。现在人们演练的陈式太极拳，皆出自中国河南温县陈家沟。

据陈庆州先生叙述：明朝洪武七年（1374年），陈氏始祖陈卜，由山西洪洞县大槐树迁居至河南怀庆府东南二十里处。因始祖陈卜为人忠厚，又精通拳械，深受当地居民的拥护，故将其居住之村庄叫做陈卜庄。后因陈卜庄地势低洼，常受涝灾，又迁居到温县的常阳村。因陈氏家族人丁兴旺，村里陈姓人数越来越多，再加上村内有沟，遂以陈家沟易名，并一直沿用至今。此地西距温县城十里，面对黄河，背靠清风岭，当时内藏匪类甚多，经常扰劫村民，官兵莫敢剿捕，始祖陈卜带领村中子弟及少壮数百人，慨然奋起，攻入匪穴，歼灭匪类，一方得以平安，传为佳话。

陈氏第九世陈王廷，字奏庭，崇祯、康熙年间人，明末文庠生，清初武庠生，文武全才，为明王朝立过汗马功劳。因明末清初政局动乱，天灾人祸相继而起，其不得志，遂在晚年隐居创拳，在祖传拳艺的基础上，博采众家之所长，结合易学、中医学、阴阳五行、经络学说及导引、吐纳之术和戚继光的拳经等，发明创造出具有阴阳相合、开合有度、刚柔相济的太极拳第一至第五路、太极长拳一百单八势、炮捶一路，共7个套路；后又创编了双人推手及刀、枪、剑、棍、锏、双人刺枪和长杆练法。

有陈王廷遗存长短句为证："叹当年，披坚执锐，扫荡群氛，几次颠险！蒙恩赐，枉徒然，到而今，年老残喘，只落得《黄庭》一卷随身伴。闲来时造拳，忙来时耕田。趁余闲，教下些弟子儿孙，成龙成虎任方便。欠官粮早完，要私债即还，骄谄勿用，忍让为先。人人道我憨，人人道我颠。常洗耳，不弹冠，笑杀那万户诸侯，兢兢业业，不如俺心中常舒泰，名利总不贪。参透机关，识破邯郸，陶情于渔水，盘桓于山川。成也无干，败也无干。谁是神仙？我是神仙！"

陈王廷总结自己的实践经验，吸收民间武术精华，创编了前人未有的、风格独特的太极拳活步推手方法，不用任何护具，不受场地限制，在任何简单的地方都可以随时演练。推手以掤、捋、挤、按为主，以採、挒、肘、靠为辅，将练拳的一招一式运用到推手当中，螺旋缠丝，柔中寓刚，避实击虚。将粘、连、黏、随、腾、闪、折、空、摔、打、擒、拿等技法综合运用，通过推手的训练，渐悟懂劲，应用到散手当中去。

陈王廷将武艺传给一个外姓人，此人叫蒋发，人称蒋把式。蒋发是清初义军李际遇的部将，满清定鼎，李际遇事败，招至诛族之灾，蒋发遂仆于陈王廷。一日，王廷命备马出猎于黄河滩，见一兔起奔，蒋发追赶未及百步而获之，王廷忆及际遇有一部将能健步如飞，马不能及，问之，果其人。

听师父陈庆州讲："文革"前，陈氏宗祠内曾供有一幅陈王廷的坐画像，蒋发手持春秋大刀侍立于后，可惜在"文革"中被毁。有幸的是，庆州师父当时是温县文化馆工作人员，他曾于1962年为该画像摄下一幅四寸黑白照片。后来，陈家沟有人找一画师根据印象重画该坐画像，画好后找熟识者辨认，认为有伤大雅。庆州师父知道后，于1996年将家藏三十余年的陈王廷之原画像照片奉献给国际太极拳年会，并由赵士军先生翻拍，加注说明并刊登在年会会刊《太极魂》上，以证其真。

陈氏十四世、陈式太极拳第六代陈长兴（1771—1853），字云亭，精家传太极拳，能矗立于千百人中，无论如何推挤，脚步丝毫不动，近其身者如水触石，不抗自颓。其立身中正，不偏不倚，号称"牌位大王"。他将陈王廷创编的七路太极拳改编成两路，第一路七十四式，架势大方，刚柔相济；第二路四十四式（炮捶），爆发力强。后人通称为"老架"。由于演练此拳架增长功夫快，故称为"功夫架"。陈长兴著有《太极拳十大要论》《太极拳用武要言》《太极拳战斗篇》等。传人有外姓弟子杨露禅。

陈氏十四世、陈式太极拳第六代陈有本，在原有套路基础上，又做了些改动，舍弃了某些难度和发劲，后人称为"小架"。

陈氏十五世、陈式太极拳第七代陈清萍，为陈有本弟子，精太极拳，将小架参以心得，改为小巧紧凑之拳架。后因其入赘陈家沟邻镇赵堡镇和氏家族，故其所传拳架后人称为"赵堡架"或"和式太极拳"。

陈氏十六世、陈式太极拳第八代陈鑫（1849—1929），字品三，清朝贡生，前三十年学文，后三十年习武。他意识到陈式太极拳历代都以口传授艺，很少文字记载，故立志写书。虽严寒盛暑不懈，废寝忘食，整整操劳12年，著有《陈氏家乘》五卷、《陈氏太极拳图说》四卷、《太极拳引蒙入路》、《安愚轩诗文集》一卷、《三三拳谱》等。其阐发陈式太极拳历代名家积累的练拳经验，洋洋二三十万言，逐势详其着法、运劲和周身规矩，以易理说拳理，引证经络学说，贯穿于缠丝劲的核心作用，而以丹田内劲为统驭。陈鑫先生无子嗣，老且病，将侄椿元唤至榻前，以《陈氏太极拳图说》手稿授之曰："若可传则传之，不则焚之，毋与妄人也。"陈鑫殁后，因家贫停枢多年在室内，后椿元得稿费将鑫营葬。

陈氏第十八世、陈式太极拳第十代传人陈照丕（1893—1972），字绩甫，幼习家传拳学，同其叔福生同学于叔祖延熙公，再经福生及族祖品三公之指导教授，功力精进，系陈长兴功夫架套路"尊古太极"的代表。1928年，他应邀至北京同仁堂药店授拳，时《北平晚报》载文称："我国提倡武术，其目的为了强种卫国，收复失地。今有太极拳发源地河南省温县陈家沟太极拳正宗传人陈照丕漫游到平，小作逗留，如有爱好想试功夫者，请至南门外杜盛兴号内。"一时间震动了北京，武术界人士纷纷来访，后到宣武楼与各路豪杰交手17天，未遇对手，从此名声大振。1930年应聘到南京市政府教拳，任中央国术馆名誉教授。1933年任全国国术裁判和全国第二届国术国考评判委员。著《陈氏太极拳汇宗》《太极拳入门》《陈氏太极拳图解》《陈氏太极拳理论十三篇》等。在继承家传"尊古太极"的基础上又有创新，将单刀十三式增至二十二式，在双刀的基础上创编了双剑三十七式，传授于后。他为推广陈式太极功夫作出了巨大贡献，深受国内外武术界人士的崇拜，为陈式太极拳第十代一代宗师。

陈氏十八世、陈式太极拳第十代陈照奎（1928—1981），系著名武术家、一代宗师陈发科的幼子。自幼随父学陈式老架，后在陈式老架的基础上，改编成八十三式，陈家沟拳家称之为"新架"。从1964年至1981年，先后在上海、南京、北京、石家住、郑州、焦作、陈家沟等地教授新架。他的功夫很好，精于闪战、擒拿，可称一代名师。

当年与我师父陈庆州一起随照丕师公习艺的陈式太极拳十一

代传人陈小旺、陈正雷、朱天才、王西安等都已著书立说，有所创新，为弘扬陈式太极拳作出了积极贡献。

陈氏十四世、陈式太极拳第六代陈长兴授拳艺于河北省永年县杨露禅，经不断修改，传至其孙杨澄甫，定型成为目前广为流传的"杨式太极拳"。

满族人全佑从学于杨露禅，后又学于杨班侯。全佑传其子鉴泉，后从汉族，以吴为姓。吴鉴泉在上海授徒众多，架势柔和紧凑，成为现代流传的"吴式太极拳"。

武式太极拳的始祖武禹襄，先学于杨露禅，后学陈清萍的小架，他采纳杨、陈两流派的特点，形成了"武式太极拳"。后传给弟子李亦畬，李传给郝为真。

孙式太极拳的始祖孙禄堂（1860—1930），先学形意拳、八卦掌，后跟郝为真学太极拳。他将形意、八卦、太极融为一体，创编"孙式太极拳"。著有《形意拳学》《拳意述真》等。其拳式具有架高步活、灵敏紧凑之独特风格，在北平有"活猴孙禄堂"之美称。

近些年来，国家体育总局对太极拳的发展非常重视，根据各流派的特点，整理创编而成简化太极拳和国家规定套路，有二十四式、三十六式、四十八式、八十八式及各式段位制推广套路等。

综上所述，陈式太极拳经过几百年的演变和创新，越来越被全世界人民所喜爱。从1994年以来，在太极拳发祥地——中国河南省温县，连续举办数届国际太极拳年会，世界各国前来参加年会活动的人越来越多。社会在发展，人类在进步，在科学技术高度发达的今天，我们应当认真总结前人之经验，研究、探讨、挖掘、整理祖国宝贵的文化遗产，使陈式太极拳更好地、健康地发展，为人类造福！

第二节　陈式太极拳的特点

　　太极拳是我们祖先在长期生活实践中创造和逐渐发展起来的一种优秀拳种。经过几百年反复地实践和不断地总结经验，人们才逐步认识它的内在联系和运动规律。前人留下的太极拳拳谱，就是这种实践的总结。它给我们研究太极拳提供了宝贵的线索，可以帮助我们更好地学习太极拳。但前人因受时代的限制，理论中的糟粕也不少，因此我们在实践中应该结合我们新的认识来加以检验，剔除其糟粕，吸取其精华，进一步掌握其正确的理论，使这个拳种能更好地为人民的健康服务。因此，学太极拳时，一开始就必须正确掌握这些太极拳拳谱中的理论，并熟悉它的关键所在，融会贯通，然后再从这个基础上向前发展，逐步深入。

　　太极拳在整个运动过程中自始至终都贯穿着"阴阳"和"虚实"，这在太极拳动作上表现为每个拳式都具有"开与合""圆与方""卷与放""虚与实""轻与沉""柔与刚""快与慢"，并在动作中有左右、上下、里外、大小和进退等对立统一的独特形式。这是构成太极拳的基本原则。

　　太极拳不仅在外形上是独特的，而且在内功上也有其特殊的要求。练太极拳时，首先要用意不用拙力，所以太极拳在内是意气的运动，在外则是神气鼓荡运动，也就是说既要练意，又要练气。这种意气运动的特点是太极拳的精华所在，并统领着太极拳的其他各种特点。此外，练太极拳时在全身放长和顺逆缠丝相互变换之下，动作要求表现出能柔能刚，且富弹性。它的动态，要求一动全动，节节贯穿，连绵不断，一气呵成；它的速度，要求有慢有快，快慢相间；它的力量，要求有柔有刚，刚柔相济；

它的外型，要求立身中正，不偏不倚，虚中有实，实中有虚，开中寓合，合中寓开。具备了这些条件，太极拳才能充分发挥它的特殊作用。在体育保健上，不仅能增强运动器官与内脏器官的功能，而且能锻炼和增强意识的指挥能力，亦即"用意不用力"的能力，可以顺利地指挥着气活跃于全身。这样就既练了气，也练了意，意气相互增长与强旺，身体自然强壮。同样，在技击上也有其独特的作用：可以以轻制重，以慢制快，以小力制大力。动作起来可以一动全动，"周身一家"，达到知己知彼和借力打力的懂劲功夫。

陈式太极拳的理论同其他各派太极拳理论有相同之处，也有不同之处。现将陈式太极拳的特点一一分述如下。

第一特点　大脑支配下的意气运动

拳谱规定：

（1）"以心行气，务令沉着，乃能收敛入骨"；
（2）"以气运身，务令顺遂，乃能便利从心"；
（3）"心为令，气为旗"，"气以直养而无害"；
（4）"全身意在神，不在气，在气则滞"。

从上列四项规定可以看出，太极拳是用意练意的拳种，也是行气练气的拳种。但练拳时，要"以心行气"：心为发令者，气为奉令而行的"传旗官"；一举一动均要用意不用力，先意动而后形动，这样才能做到"意到气到"，气到劲到，动作才能沉着，久练之后气才能收敛入骨，达到"行气"最深入的功夫。因此，可以说太极拳是一种意气运动。"以心行气""以气运身"和用意不用拙力，是太极拳的第一个特点。

（一）内气和用意

正如上述，气受意的指挥，而这气并非一般所说的那种肺呼吸的空气，而是一种"内气"。这种气在祖国医学理论中叫做"元气""正气"、经络中通行的气、"先天气"等，认为是从母胎中秉承下来的。在针灸和气功疗法中，至今尚沿用此说。武术家们则把这种气叫做"中气""内气""内劲"等，认为练到有了此气出现并掌握此气，功夫才算"到家"。

总之，自古以来，无论祖国医学理论或武术界、宗教界，都认为有这种气存在，各种实践经验也证明确有这样一种气存在。但近代科学尚未最后查明这种气的实质是什么，研究祖国医学经络学说的国内外学者对此气的说法也不一致。例如，有人说此气就是神经，有人说是生物电，有人说是人体内的一种特殊分泌物，有人说是人体内的一种特殊功能系统等，人言人殊，尚待进一步探索。但是人体的生理现象是整体性的，不能说意动了，而神经、生物电等不动，因此，我们在阐明拳论中所说的气时，暂假定为神经、生物电、血液中的氧等组成的一种综合物，假定为人体尚待查明的一种功能，目的是先继承前辈的理论，以便我们进一步发掘。

练太极拳时，好像在做"意识体操"，要始终着重用意，肢体动作只不过是意的外部表现。这种"意识体操"隐于内的是内气的活动过程，显于外的则是神态和外气的动荡表现，因此内气可以由内而发之于外，也可由外而敛之入内。

虽然，练太极拳要"以气运身"，但练拳时不可只顾想气在体内如何运行，而要把意注于动作中，否则就会神态呆滞，气不仅不能畅通，而且会造成气势散漫的病象，使意气两者俱蒙其害。所以拳谱上说"意在神，不在气，在气则滞"。正因为如此，练拳时对外部神态的表现要特别重视，因为外部神态也就是内在心意显露于外的表现。内意和外神不可须臾分离，内意稍一松懈，则外神就会散漫。此点在练拳时不可不知。

陈式太极拳主张动作要有柔有刚，有圆有方，有慢有快，有开有合。我们认为这是合乎人体生理规律的。大家知道，人体动，则生物电位升高；人体静，则电位降低。而太极拳动作的刚柔、开合和快慢等，正好促使电位随之升降。电位升高，则血液循环加速，分压降低，氧与血红蛋白也就迅速解离，人就会感到有气。在正常情况下，神经是不能长时间同样地保持兴奋的，因此生物电一般都呈起伏状，而太极拳动作的刚柔、快慢、方圆等滔滔不绝的起伏，也正好合乎这个规律。

从意气来讲，也是合乎上述规律的。上面说过，外部神态和外气的活动是意气显于外的表现，代表着内在的意气。这种神气外显的中心环节，主要是将内在的意识贯注于外部动作之中，并促使在动作中表现出注意力的专一、坚强和活泼无滞。但注意力的强度，与内部神经活动一样，同样具有提高和降低这种动荡性的特点。因此，练拳必须适应这种特点，才能使注意力稳定。同时，也只有稳定了注意力，才不致使思想开小差。但是在练拳当中长时间维持同等强度的注意力，这是不易做到的。实际上，即使在片刻之间，注意力的动荡度也是有高低之分的。因此，在运动过程中，如果采取风平浪静式的无动荡运动，不但违背上述生理规律，同时也会破坏注意力的稳定性。所以，太极拳为了稳定注意力，采取了一系列规定（如快慢相间、开合相寓、方圆相生和刚柔相济等），并使它们统一于一个运动之中。这些规定促使意气运动很自然地产生动荡，并使外部的神气鼓荡和内部的意气动荡得到协调统一，从而提高内在的意气运动，反过来促进外部的动作。

由于太极拳是意气运动，所以久练太极拳的人，只要思想上想到某一部位，就可以产生气的活动。因此，有不少人不惜岁月地早晚盘架子，并时时校正架子，正是为了做到这点。太极拳动作练成定型以后，大脑皮质中兴奋和抑制过程就能准确地按一定程序交替活动；同时，肌肉也能协调地收缩与放松，即或偶然受到突然的刺激，也不会使这种协调的动作受到损害。做到这点，表明肌肉的活动与内脏器官之间已建立了极巩固的协调关系，只要意到气就到，气到劲也到。

（二）意气运动的实现

还应该指出，在用意气方面，太极拳和静功（坐功、站功和卧功）是相同的，都着重于练意和练气。但太极拳是在行动中练（动中求静），所以名之为意气运动；而静功则无行动，单独求静，因此两者不能混淆。

正因为太极拳是内外俱练，动中求静，所以要做好内在的意气运动，就必须很好地显出外部的神气鼓荡来。正如《行功心解》中说："形如搏兔之鹰，神似捕鼠之猫。"而要做到这种内外相合和交相锻炼的功夫，则必须做到本章下述七个特点的要求，也就是说只有实现下述七个特点，太极拳是意气运动这个特点才能实现。换言之，特点虽分八个，但实际上同处于一个统一体中，有着内在联系，分开讲只是为了方便而已。

在详述其余七个特点之前，先简要阐明一下这七个特点对贯彻意气运动的作用。

特点二，弹性运动，就是身肢放长，也可以说因放长而生弹性的结果。绵软的弹性是促进身肢鼓荡的内在因素。如没有弹性，就会使动作僵硬，也就不能再形成外显的神气鼓荡，当然也就不能与内在的意气动荡协调起来。

特点三，螺旋运动，可增强动作的起伏动荡性。若动作直来直去，没有高下、里外的翻转，就不能导致精神、意气与身法的起伏动荡。为此，必须结合顺逆螺旋运动的旋腕转膀、旋踝转腿和旋腰转脊，以做到螺旋连贯如一的太极劲贯注于所有动作中。这样，不动则已，动则自然形成鼓荡之势，成为做好意气运动的动作核心。

特点四，调整虚实，是意气灵换、使人产生圆活如珠的感觉之本，也就是鼓荡的动力根源。上随下和下随上地虚实变换，能促使神气与身法活泼无滞，神气鼓荡也由此而生。如果上下不能相随，虚实不会调整，就不能达到内劲的中正无偏。内劲偏，则使内劲与身法倾于一边，失去支撑八面的效果。要想在内劲倾向一边的姿势下，使神气得到鼓荡是不易达到的。

特点五节节贯串和特点六一气呵成，实质上是一个特点的两个阶段：前者是指一个拳式内要求全身主要关节形成一条龙似地贯串起来，使一节一节地依次通过；后者是在练全趟架子时要拳架式式相连不断地一气呵成，以增大运动量，达到节节鼓荡的具体要求。若不能节节贯串，就会产生断劲，劲断则无鼓荡可言。若不能一气呵成，则断而不连，不连则各个拳式形成孤立而不能一气鼓荡。为此，这两个特点做不好，就不能使神气鼓荡做得好，所以它们是息息相关的。

特点七刚柔相济和特点八快慢相间是两个矛盾对立统一的特点，也是为了做到神气鼓荡，在技术上必须具备的特点。没有这种快慢和刚柔交织一体，就不易使前几个特点密切配合，起伏动荡。由于这两个特点要求做到"柔而慢""刚而速"，要求刚速起来犹如推进的浪头，柔慢起来犹如退回的浪尾，所以这样相互交织就会形成滔滔不绝的推动作用。这种刚柔相济和快慢相间的作用，在体育上可以做到行气柔慢和动作落点刚快，使气行遍身躯，不致稍有痴呆之态；在技击上能"动急则急应，动缓则缓随"，可以做到人刚我柔的走化和人柔我刚的黏随。这两个特点可以促使内部的意气运动和外显的神气鼓荡推向动荡的高峰。

由此可知，特点一是统领着其他七个特点的特点，但同时它又必须依赖其他七个特点的帮助才能实现。它们之间的关系，犹如红花与绿叶，相辅相成，相互制约，又相互促进。这是初学拳时必须知道的。

为了便于掌握第一个特点，把要领概括为下述几点：

（1）练拳时，意识要贯注在动作上，以意行气，不可只顾默想内气如何运行。

（2）练拳时动作要顺遂、沉着，劲运到终点时要表现出劲别来，这是使意气得到鼓荡的三个措施。

（3）紧紧掌握外显的神气鼓荡，以便做到不痴不呆，并反过来促进内在的意气运动。

（4）善于运用其他七个特点，以便配合着来提高意气运动。

第二特点　身肢放长的弹性运动

拳谱规定：

（1）"虚领顶劲，气沉丹田"；
（2）"含胸拔背，沉肩坠肘"；
（3）"松腰圆裆，开胯屈膝"；
（4）"神聚气敛，身手放长"。

从上述四项规定中可以看出，虚领顶劲和气沉丹田是身躯放长；含胸拔背是以前胸作支柱把后背放长；沉肩坠肘是手臂放长；松腰圆裆和开胯屈膝，使腿部得以圆活旋转，是腿部在这种特定的姿势下放长的结果。所以太极拳的步法必须在圆裆松腰和开胯屈膝的姿势下用旋踝转腿来倒换虚实。外表看，是腿的缠丝劲的表现，其实内部促进了腿的放长。这一系列的放长，又促成了全身放长，使身肢不仅产生了弹性，形成掤劲，而且因全身放长，促使精神也能自然提起。因此，只要具备了放长的姿势，就不易发生努劲鼓劲（拙力）的毛病，为自然的松开和身手放长提供了条件。所以身肢放长的弹性运动，就成了太极拳的第二个特点。

（一）身肢放长

上面说过，练太极拳身肢必须放长，以加强全身的弹性；有了弹性，才可以进而成为掤劲。这就是说，掤劲生于弹性，弹性生于身肢的放长。至于身体各部如何放长，现按拳谱分述如下。

（1）虚领顶劲和气沉丹田。所谓顶劲虚领，是把顶劲向上虚虚领起，气沉丹田是把气向下沉入丹田；两者综合起来，在意识上就有向着相反方向拉开的意图，这就使身躯有了放长的感觉，整个腰椎就有了对拉拔长的感觉。

（2）含胸拔背。含胸要求胸部既不腆出，也不凹进，使胸成为脊背拔长的支柱，因为力学上的压杆是不允许有弯曲的。脊背就依靠这个支柱加以拔长，这就是脊背的拔长。关于这点，初学时不可误认驼背为拔背，因为背驼就会前胸凹进，这样就会使前胸失去支柱作用，不但使背失去拔长的弹性，同时也有害健康。

（3）沉肩坠肘。沉肩的主要作用是将臂部与肩部因下塌而接牢。臂与肩接牢，才能使臂生根。同时，由于坠肘，使肘与肩部之间达到放长。当手臂进行螺旋式缠丝运动时，就是以坠肘作中心的。同时，坠肘和坐腕又可以使肘与腕之间放长。因此，沉肩坠肘和坐腕是整个手臂的放长。

（4）开胯屈膝的旋转。这是腿部的放长。腿是站立在地面上的，要想放长就比较困难。因此，对腿部提出了开胯屈膝的要求，要求在这种特定姿势下（圆裆）用螺旋式的运动来变换虚实，这主要表现在膝头的旋转上。这样，当腿部向外旋转时，使外侧处于放长而内侧则为收缩。这种腿的旋转配合着手、臂、身的旋转，成为全身的旋转，逐步上升，就可以达到"其根在脚，发于腿，主宰于腰而形于手指"的完整一体的劲。

综观上述四项规定，可见太极拳对身躯、手、足都有放长的要求。这样，不但因放长而产生弹性，产生太极拳基本的掤劲，还可使人们的精神自然提起，不致产生因鼓劲而出现拙力的病象。

（二）身肢放长的生理作用

肌肉在受力时，可以有一定程度的伸长，但当引起伸长的外因去掉后，它就立刻恢复原状，这是肌肉本身固有的弹性。一般常见的运动，就是锻炼和提高这种弹性。根据人体生理学来看，肌肉的这种弹性收缩和放长能起下列四种作用：

（1）可使肌肉本身的收放能力得到良好的锻炼，使肌肉内密集的微血管网通畅。

（2）可增强组织细胞的新陈代谢，刺激身体内一切生命过程。

（3）可增强肌肉及其他所有组织器官的气体交换作用。

（4）可使身体内得到更多的氧，同时还能提高各组织器官对氧的利用率。

太极拳不是一种单纯的肢体运动，它表现在外部的是神态鼓荡，姿势极其复杂多变，隐于内的则是神聚气敛，"以心行气"，这已在第一特点中详细说明了。此外，太极拳不仅内外俱练，而且还在整个身肢放长情况下进行着绞来绞去的螺旋形顺逆缠丝的运动。这样不但使肌肉本身的弹性得到良好的锻炼，而且提高了血液循环的速度，因而就能消除因血行受滞而引起的病症。这是太极拳因放长身肢和提起精神所起的重要作用之一。

此外，太极拳弹性运动对于降低血压也有显著的影响，因为在肌肉的收缩放长过程中能产生三磷酸腺苷等有扩张血管作用的产物。同时，在进行节节贯串的活动中，肌肉内开放的微血管的数量增加了许多倍，这样也就扩大了血管沟通的横截面，因此可使血压降低。另外，在练拳时由于肌肉反复放长与恢复，所以血管不易硬化。尤其是在绞来绞去的螺旋运动的配合下，更能防止血管硬化。多年久练太极拳的人在练拳时会觉得背上和四肢内的血管好像扩大了，运动起来使人感到轻松舒适，如果隔些时间不练，就会有一种闭塞的感觉。这种现象的产生，就是由于开放的微血管数目增减所致。

（三）八门劲别与弹性的掤劲

太极拳要求用意不用拙力，但不是说用意不用劲，因为太极拳就是由八门劲构成的。八门劲都具有放长的弹性，所以称为"劲"，而不称为"力"。八门劲的名称虽有不同，但实质上只是一个掤劲，其余七个劲只不过因方位与作用不同而另有所称而已，所以太极拳也可以称为掤劲拳。现将八门劲的内容分析如下，以便更好地掌握第二特点。

（1）在全动之下掌心由内向外缠丝，称为掤劲；
（2）在全动之下掌心由外向内缠丝，称为捋劲；
（3）双手同时将掤劲交叉向外掤出，称为挤劲；
（4）掌心向下圈沾着一点而不离开的下掤劲，称为按劲；
（5）两手交叉向左右、前后双分的掤劲，称为採劲；
（6）将掤劲卷蓄起来，在短距离内猛然一抖而弹出的劲，称为挒劲；

（7）手腕出了圆圈，用肘的掤劲掤出去，称为肘劲；

（8）肘出了圆圈，用身躯的掤劲掤出去，称为靠劲。

综上所述，归根结底，太极拳主要练的是掤劲。掤劲是一种连绵不断的"弹簧劲"。这是练习太极拳的人们首先需要弄清楚的问题。

（四）弹性运动（掤劲）的掌握

（1）要练掤劲，首先要化掉人本身原有的僵劲。凡是动作，例如人们拿起一个重物，都要用力，日久天长就使人从幼年起养成了鼓劲拿举重物的习惯。鼓劲就是用的拙力，而太极拳所需要的却是全身放长的弹簧劲。因此，练太极拳应分为两个阶段：首先是化解拙力阶段；其次是增长掤劲阶段。旧劲不去，新劲不生，所以拳论说"运劲如百炼钢，何坚不摧""柔里有刚攻不破，刚中无柔不为坚"。这就是说经过不用拙力的千锤百炼，并在各种不同的放长和松开的姿势下进行绞来绞去的螺旋缠丝的运动，才能达到极其柔软的地步，才能化去人身本来就有的僵劲，也就是说只要运劲如百炼钢，则什么僵劲皆可化掉无遗。这是前辈拳师的经验总结，所以这种化僵为柔是必不可少的阶段，只有经过化僵为柔，才能积柔成刚，初学者切勿忽视。这个阶段的时间越长越好，因为只有这样，才可以柔软得更透彻。否则，柔软得不透，将来就难免使练习者停留在柔少刚多不易达到平衡的缺点内。

（2）掤劲不是人身固有的劲。前面已经说过，在八门劲中掤劲是最基本的。掤劲生于弹性，这种弹性劲，不仅是肌肉本身的弹性，而是在肌肉弹性的基础上将骨骼韧带等与肌肉联合放长中锻炼出来的。所以说它不是人身固有的劲，而是必须经过长久练习才能产生的劲。它的发展是由无到有，由有到强。要练习这种弹性的掤劲，应该按照拳谱的上述四项规定尽量做去。其关键要领还是要先从用意着手，使思想上有放长的意思。这样运用既久，再配以身肢上具体的放长，才不致发生偏差。

（3）神聚气敛是加强弹性和提高掤劲的基础。在身肢放长情况下，使人精神提起而集中，气沉而内敛，这是一种自然产生的现象。反过来，也就是说，只要神聚气敛，就可引导意识上具有放长的神态，促使身肢放长，从而提高弹性和增强掤劲。在神聚气敛的一瞬间，肌肉群就会更加充分地收缩，同时反抗肌群则更加充分的放松，因此久经放松与收缩的锻炼，也就自然地加强了身肢各部分的弹性，同时也提高了身体的素质。

为了便于掌握第二个特点，把要领概括为下述五点：

（1）太极拳主要是练习掤劲，掤劲生于弹性，弹性则生于身肢的放长，因此要注意身肢的放长。

（2）身躯及上部的放长，必须是虚领顶劲、气沉丹田和含胸拔背。

（3）手足的放长，必须是沉肩坠肘、松腰圆裆和开胯屈膝的旋转。

（4）练习掤劲时，先求绵软以去掉旧力（拙力），同时放长以生长弹性的新劲。

（5）只有神聚气敛地练拳，才是加强掤劲的内在因素。

第三特点　顺逆缠丝的螺旋运动

拳谱规定：

（1）"运劲如抽丝"；

（2）"太极拳，缠丝也"；

（3）"任君开展与收敛，千万不可离太极"；
（4）"妙手一运一太极，迹象化完归乌有"。

从上列四项规定中可以看出，太极拳运动必须是缠丝状的运动形态。丝是旋转着抽出来的，因为直抽于旋转之中，自然就形成一种螺旋的形状，这是曲直对立面的统一。至于"缠丝劲"或"抽丝劲"都是指这个意思。因为在缠的过程中伸缩其四肢同样会产生一种螺旋的形象，所以拳论说，不论开展的大动作或紧凑的小动作，千万不可离开这种对立统一的太极劲。练纯熟之后，这种缠丝圈就越练越小，达到"有圈不见圈"的境界，到那时就纯以意知了，所以顺逆缠丝对立统一的螺旋运动就成为太极拳的第三个特点。

（一）运劲如缠丝的实质

太极拳必须运劲如缠丝，或者说运劲如抽丝。这两种形象的比方都是说，运劲的形象如螺旋。同时，这种螺旋又必须走弧线，犹如子弹通过枪膛中的来福线后，当它运动于空间时，既有螺旋形的自身旋转，又有抛物线型的运动路线。太极拳的缠丝劲就要具有这种形象。

前面已经说明了运劲必须如缠丝的意义，那么在实际运动中应如何运行呢？说来极平凡而简单，就是在一动全动的要求下，动作时大拇指由内往外翻或由外往内翻，使之形成太极图的形象。同时，由于大拇指带动手掌内外翻转，表现在上肢是旋腕转膀，表现在下肢则是旋踝转腿，表现在身躯则是旋腰转脊。三者结合起来，形成一条"根在脚、主宰于腰而形于手指"的空间旋转曲线。这是太极拳必须做到的要求。因此，拳谱中特别提出练拳时不论是开展的放开或紧凑的收敛，都不可须臾离开"翻转掌心"和"旋腕转膀"的太极劲，这犹如地球环绕太阳运转走弧线，这叫"公转"；同时地球本身还自转着旋转一样，这叫"自转"，"自转"时有白天和黑夜，太极拳"自转"时则分顺缠和逆缠。所以，太极劲不是平面的一个圈，而是立体的球。

（二）缠丝式螺旋运劲的作用

练拳时如果手是直伸直缩而不翻转掌心，腿是前弓后坐而没有左右旋转配合，就会发生"顶抗"比力的缺点。为了纠正这个缺点，就必须用螺旋劲。因为螺旋的曲率半径是变化的；任何压力压在这根螺旋杆上，都可很自然地将压力因旋转落空而被化去。这是科学的化劲法。

太极拳螺旋式的缠丝是"太极"拳名称的由来。这种螺旋式的运动是独特的中国式的运动方式，为世界所罕有。在体育锻炼方面，它能促使全身节节贯串地推动，并由此进入内外相合的"一动无有不动"的境界。这对内脏器官能起一种按摩的作用。同时，使显于外的神气发生鼓荡，因而健强了大脑皮质，从而能进一步增强全身一切组织器官。

其次，在技击方面，缠丝劲的作用也是很大的。太极拳技击的核心是"知己知彼"和"知机知势"的懂劲功夫。懂劲可分两个方面：一为自己懂劲，即懂得自己动作的劲，须要从走架子中得来；二为于人懂劲，即懂得别人的劲，须从推手中得来。欲求知人，必先知己，这是认识事物的过程。欲使走架子的"知己"达到高度纯熟境界，则必须练成周身一家的功夫。周身一家的功夫是由内外相合和节节贯串中练成的，而这两者都产生于螺旋式的缠丝动作。因此在技击方面，缠丝劲也是极其重要的。

（三）缠丝劲的种类及其要点

太极拳缠丝劲按其性能可以分为两种基本的缠丝：一种是大拇指带动掌心由内往外翻的顺缠丝，顺缠丝内绝大多数是捋劲；另一种是大拇指带动掌心由外往内翻的逆缠丝，逆缠丝内绝大多数是掤劲。这两类缠丝存在于太极拳运动的一切过程中，并贯串始终。因此，在一切动作中亦皆包含着掤、捋二劲的相互变化，它们是运动中的基本矛盾，同时又相互转化于一元之中。在这两个基本缠丝之下，因方位不同和变换各异，又分出五对不同的方位缠丝，即左右缠丝、上下缠丝、里外缠丝、大小缠丝和进退缠丝，但是归根结底它们都属于顺逆缠丝。左右和上下的方位缠丝合成为一个整圈，同时结合里外，使平面圈变成立体圈，这正是太极式螺旋运动所必具的特色。其次，为了在练拳时有左右逢源、连随于人和节节贯串如周身一家起见，又有大小、进退两对方位缠丝的配合，以满足健身和技击上的特殊需要。因此，太极拳每一个拳式，在顺逆基本缠丝的基础上，至少要有三对方位缠丝结合在一起进行运动。只要掌握了这个规律，就可使动作在划弧线进行运动时有了一定的依据，不论是学习或纠正拳式，也就容易多了。在练拳时如果感到某一动作有不得势和不得劲处，就可依据缠丝的不顺遂处挪动一下腰腿，以求得顺遂，就可使姿势得到纠正。所以掌握了缠丝，就是掌握了自我纠正的工具。

太极拳的式子虽然花样繁多，转换各别，但如果用基本缠丝来分析，就极其简单明了。所有的招式概不外乎"双顺缠丝""双逆缠丝""一顺一逆缠丝"三种组合。若按此方法经常分析和琢磨，就可成为自己练习的依据。有了这种依据，则可分清劲别，做到内外相合和节节贯串，在达到姿势正确的同时增长太极拳的内力——掤劲。

（四）螺旋运劲的掌握

特点三是拳名"太极"的由来，其作用已如上述。所以前人为了使后学者做好"运劲如缠丝"，在《太极拳论》中作了专论，这是一篇运劲的实践总结。其中，第一部分论述了缠丝劲。要掌握特点三，只要按照这部分比照着去练，并作为平时检查自己走架子的依据，就可得到正确的姿势和动作。现把这部分概括讲解如下。

1. 由精神实质上掌握特点三

（1）"一举一动，周身俱要轻灵"——精神若能提起，就可无迟重的顾虑，这是求轻的方法；意气若能灵换，则意气就不致呆滞在某一点上，这是求灵的方法。掌握缠丝劲的第一点，就是在运劲的过程中，周身必须要轻要灵，这样才能为做好缠丝动作提供有利条件。

（2）"动作须节节贯串"——在运劲如缠丝之中，要轻灵，尤须贯串，这也是运劲中的一个重要环节，学习时不可忽视。其详细内容，可参见本章第五特点。

（3）"神宜鼓荡，气宜内敛"——如果心意不能贯彻于动作之中而别有所思，表现了意痴神呆，则神就不易鼓荡，同时气亦不能内敛，结果造成气势散漫，劲无含蓄，身法散乱。因此，首先须将心意贯彻于滔滔不绝和起伏不已的动作之中，则神自鼓荡。其次，须使肺呼吸配合运动。由于神的鼓荡，气自收敛而不致散漫；气不散漫，就可由神带气而同时动荡起来。

综观上列三项要求，可以说"运劲轻灵与贯串，神气鼓荡与内敛"乃是掌握缠丝劲时所必须掌握的精神实质。

2. 由劲别上掌握特点三

（1）"毋使有缺陷处"——运用缠丝劲时，不论是顺缠或逆缠，务使八门劲运到螺旋的弓背上，也就是螺旋的接触面上，切不可有时在弓背，有时又陷在弓里面，这是缠丝最易碰到的缺点。若一经陷在里面，不但削弱了掤劲，同时也会失去缠丝中的摩擦特性。因此，一有缺陷，劲就不能达到螺旋的接触面上，也就失去缠丝劲的牵动作用。

（2）"毋使有凹凸处"——缠丝劲的运用线路，在所有过程中都要做到曲线缓和，形成顺遂的姿势，同时，又要求绵软而富有弹性，这是消除凹凸的一种方法。即使在发劲时，亦要如软皮鞭一样的甩出去。这样，由于身手放长，身肢又像打了气的轮胎，与物体接触就具有随高逐低的粘走作用。若运劲一有凹凸，就产生棱角，发生顶抗的毛病，从而使运劲失去螺旋转动的作用。

（3）"毋使有断续处"——缠丝的一切过程，无论是顺缠或是逆缠，务须一缠到底。所谓"底"，乃是到达了这一拳式表现劲别的落点处，也就是接做下一式的转关处。到了此处，由折迭转换接着做下一缠丝，将劲接到下一拳式中。劲既不断，也就无须续。如缠至半途将劲断了，然后又将它接续上去，这是要不得的。因为缠丝有了断续，就是一个空隙，这一空隙不但失去应有的牵动作用，而且为对方造成得机得势的机会。因此，在运劲缠丝上说是不允许的。其次，即使在发劲时，虽然可以有断续，但仍须有"劲断意不断，意断神可接"的要求，即所谓断而复连。

综观上列三项，说明在缠丝过程中，也就是在运劲过程中，万不可发生缺陷、凹凸或断续的缺点。在三个缺点中只要犯了一个，就不能再发挥缠丝劲应有的作用。这是学习时不可忽视的问题。

为了便于掌握,现把要领概括如下:

(1)缠丝劲为太极拳命名的由来,没有缠丝劲就不能使劲环绕着身肢节节上升,达到完整一气。

(2)须知"贯串"的要求,不仅是运劲须通过关节部分,而且还须使它通过整个关节上下的肌肉部分,这是螺旋缠丝的作用。

(3)太极拳有一对基本缠丝和五对方位缠丝,是教和学太极拳的最好的工具。

(4)运劲如缠丝,只有在轻灵贯串条件下才能实现;同时,神气方面必须鼓荡和内敛。

(5)缠丝劲的运用不可有缺陷处、不可有凹凸处、不可有断续处。

第四特点　立身中正、上下相随的虚实运动

拳谱规定:

(1)"意气须换得灵,乃有圆活之趣,所谓变转虚实须留意也";

(2)"虚实宜分清楚,一处有一处虚实,处处总有此一虚一实";

(3)"立身须中正安舒,支撑八面";"上下相随人难侵";

(4)"尾闾正中神贯顶","上下一条线"。

上列四项规定可以说明,太极拳的所有动作都必须分清虚实。动作能分清虚实地转换,就可耐久不疲,这是最经济

的一种动力活动。因此，练太极拳时双手要有虚实，双足也要有虚实，尤其重要的是左手和左足、右手和右足要上下相随地分清虚实，也就是说，左手实则左足应虚，右手虚则右足应实。这是调节内劲使之保持中正的中心环节。此外，形成落点的虚中要有实，实中要有虚，从而处处总有此一虚一实，使内劲处处达到中正不偏。初学时，动作可以大虚大实，最后逐步练成小虚小实，最后达到内有虚实而外面不见有虚实的境界，这是调整虚实的最深功夫。

虚实灵换的核心，在于意气的灵换，同时要在"中土不离位"及内劲中正情况下来完成。为此，练拳时必须"尾闾中正""安舒支撑八面""虚领顶劲""上下一条线"地随时调整虚实。所以立身中正，上下相随地调整虚实就成为太极拳的第四个特点。

（一）虚实比例

根据太极拳理论，在一切动作内都必须分清虚实，所以练拳时要注意使动作处处有此一虚一实。为了做好虚实的调整，首先必须认清虚实的正确涵义。所谓虚，不是全无力量；所谓实，亦非全部占煞。以双脚来说，虚不是在这一只脚上全无荷重，实亦非全部荷重都放在这一只脚上（提腿、独立和解脱擒拿等拳式例外），而不过是使虚比实的荷重轻些。这一虚实名词的产生，在力学上来说，是由于人体总荷重的重心常有偏移。当重心偏移到右边时，则成为右足实而左足虚；偏左时，则又成为左足实而右足虚。上面说过，太极拳动力本身就产生于重心偏差的倒换中，如果没有偏差，就是说重心正摆在中心线上，那就会形成双重，失去动力而形成滞重的毛病。此时如果将双手虚虚捧起，就可成为双沉的功手，可使运动重新获得转换的动力。

　　虚实不是固定的，它随着拳式的变化而转换。在开始学拳时，宜采取大虚大实的姿势。随着功夫的熟练，就要转为小虚小实的姿势。经过这种紧凑功夫以后，由于动作幅度变小，即可使虚实变换得更加灵活。变换灵活的内在根由，在于意气转换的灵活，因而可以做到不滞住于某一面，不专注于某一点。例如，某式应注意左手，则能毫不费力地立即转到左手上。这样就可使人在练拳时有左右逢源的感觉，产生圆活如珠滚在盘上的趣味。从姿势上说，在任何变换下，皆不能使"中土离位"。不离位才能前后左右变换而不受阻。若身体偏于一边来进行变换，就须经过调整才能灵换过来。这是一个失势的空隙，并且因为多了一道手续，使行动转慢，错失良机。这用太极拳术语来说，称为"失机"。失机、失势是太极拳的大病，所以变换虚实只有在中正立身的情况下，才可以达到灵活转换的要求，这是必须掌握的关键之一。

（二）三种基本虚实

　　（1）脚的虚实。脚的虚实划分，就是一只脚负担重些，另一只脚负担轻些。按照力学原理，身体重量的重心若位于两腿间距离的中间三分之一的地方，就可使两脚均有着落，称为半轻半重。如果重心位置超出了中间三分之一的范围，则那只虚脚就会因过虚而产生浮摆的现象，成了偏轻偏重的病象。

　　另外，在运劲或发劲时，动作要做到曲蓄有余。即使在发劲后，四肢亦不应十分伸直。因为一经伸直，在变换虚实时，就要先将直变弯，然后才能倒换伸缩。而如果是手足处于曲蓄有余的姿势下，则触之就可旋转自如，不必分心于倒换之中，这是使动作能自动化的基础。

总之，太极拳对于双脚的虚实要求，无论在何时何地，都须有此一虚一实的倒换，尤须逐步缩小比例，使虚实的转变加快。如果双脚的虚实转换得不快，就不能适应手的变化，使上下不能相随，破坏了动作要周身一家的要求。

（2）手的虚实。凡是劲运到手上掤时，此手为虚；运到手下沉时，则此手为实。太极拳两手的动作，和两腿动作一样，也要划分虚实，即或双手双按时，如六封四闭这一拳式，也是按照四六比例来划分的。不过手的虚实比例与腿的虚实比例稍有不同，功夫精进后，它的比例除个别拳式外，都在三七至四六之间，比例是大的。这是为了做到沉着松静，专主一方，使以一方为主、另一方为宾而规定的。尤其重要的是，不但肢体要转换得灵便，而且意气也要换得灵，使意气不滞于一手，特别是右手。

（3）手与足的虚实。划分虚实最费功夫的，要算是一手一足上下的虚实划分。而在保健和技击方面最起作用的，也是这种手与足的虚实划分。这是使步法做到连随的核心。其要求和做法是：如右手下沉为实，则右足必虚；等到右手转为上掤为虚时，则右足就随上面的手转为实。这样做，称为"上下相随分虚实"。所以在太极拳《打手歌》内说"掤捋挤按须认真，上下相随人难侵"，其重要性可想而知。因此，练拳时要充分检查每一个动作是否达到了这种上下相随的要求。以练一趟架子来说，内中姿势是多种多样的，变换姿势又是那样地频繁，要做到上下相随，当然得费一番功夫，才能掌握得熟练。这种变换，除了迈步时手随足来变换虚实外，大多数皆是足随手来变换虚实。

总之，能做到一手一足的上下虚实，则重心位置可不出两腿间距离的中间三分之一的范围，使左右腿均有着落，故内劲可得到中正。内劲中正了，才能支撑八面。这种虚实归纳到地面上的足部落点来说，是虚中有实和实中有虚。只有具备了这种上下相随的虚实，步法才能轻灵不滞，进退自如，才可以连随于人而不致发生丢顶的病象。同时，在熟练后推手时，只要注意与对方接触的一只手，则其他一手、两足均可由此养成上下相随的习惯，而不必再予分心，能得到自动配合的效果，也是动中求静而得静的关键。

（三）虚实的掌握

上面说过，太极拳是以分清虚实和由重心偏移而产生的偏心力矩作为动力源泉的，这是最省力的机械作用，可使人经久不疲。练拳时只要挪动一下重心，就可以动作起来。这种虚实锻炼的程序，首先是双足的虚实，其次是双手的虚实，最后也是最主要的，是一手一足上下的虚实。

太极拳在练一趟架子时，双手为了能够弧行圈走，须忽虚忽实地不断变换，从而促使双足必须随着手的虚实而调整虚实。同样，双足在进退时都是虚迈而出，迈到其点再落实而变为实的。这是太极拳一般的迈步要求。因此手就要随着足的虚实而变换虚实。这些都是属于上随下和下随上的上下相随的要求，练太极拳必须遵循这个要求，并养成这种习惯。久习久练，一旦养成习惯，则人来时自然能产生自动的"连"，人走时又可自然地产生自动的"随"，再也用不着多费心意来指挥动作了。

（四）轻重浮沉与虚实

划分虚实，粗看起来，并不是一件复杂的事，但实际上是一个非常细致和多式多样的学习过程。因此，为了更好地学习虚实，就必须进一步了解轻重浮沉四者与虚实的关系。拳论说"若不穷研轻重浮沉之手,有掘井徒劳不及泉之叹",这说明了其重要性。

为了细致地掌握这种虚实,应该在各个拳式中细心琢磨,找出缺点——加以纠正。这时有六个关键必须掌握,掌握了这六个关键,就基本上可以做到"功手",而不是"病手"。

(1)要"半",不要"偏"。所谓"半",是指人身重心的偏心距未超出两腿间距离的中间三分之一的范围而言的,这是一种位于方圆圈内的偏心,是正确划分虚实的标准。所谓"偏",则指人身重心的偏心距超出上述范围,致使偏心出了方圆圈,是虚实分得太过的缘故。所以"半"就是有着落,不为病,而"偏"则已无着落,是病。因此分虚实时要"半",不要"偏"。

(2)要"沉",不要"重"。所谓"重",是指过于填实而产生滞的现象。所谓"沉",是指虽为下沉,但仍能"自尔腾虚",也就是说,沉是在上下相随之中产生的。如足下沉为实,而手上掤为虚,就可使实中有虚,因此"沉"不为病,而"重"为病(但半轻半重除外)。所以分虚实时,要"沉",不要"重"。

(3)要"轻",不要"浮"。"轻"是在方圆之内使动作表现出轻灵而有着落,而"浮"是出了方圆,使足跟浮起缥渺无着落,也就是虚得太过,因此浮是一种病象。所以,分虚实时,要"轻",不要"浮"。

(4)三个无病的虚实。练拳时应该学习并做到"双轻""双沉"和"半轻半重"三个无病的虚实。在这三个虚实中,又以"双轻""双沉"功夫比较细致难做,做不好,就有流入"双浮"(手虚足也虚)和"双重"(手实足也实)的可能,这是要充分加以注意的。特别是"双轻""双沉"的"功手"和"双浮""双重"的"病手",在手足转移中仅有毫厘之差,因此更应防止这种差之毫厘、谬以千里的可能发生。

（5）隅手是补救偏重、偏浮的重要措施。在个人单独练习时，是可以做到变换虚实而不出隅的要求的，也就是不致出方圆而发生偏重、偏浮的虚实。但是，与人推手时，已关系到两方面的事情，决不能凭主观意愿片面地想不出隅就可以不出隅。如果对方采用採、挒的隅手来硬拿、硬击时，则自己有时也难免要出隅。因此，就不得不用隅手来补救这种出隅的虚实，使之重新回复到方圆内来，达到半轻半重的虚实。

（6）要做好虚实，不要忘却隅手。例如，在推手时，如果对方是一个大开大展的俯仰倾斜者，常想用出隅的手法来制人，那么这时如果不敢采用或不习惯于采用隅手来对待他的隅手，而还是想用四正来对待他的四隅，与之粘黏划圈地推动不已，则这样的动作就违背了隅手对隅手的规定，会使自己不自觉地产生偏重、偏浮的虚实，可以说这是惯于使用四正的一种缺点。所以，拳论说"採挒肘靠更出奇，行之不用费心机"，这恰好说明了隅手的重要性。若忘却隅手的掌握，就会使虚实的偏重、偏浮得不到纠正，并且还会促致自己进一步出隅。这是惯于四正忘却四隅，成为"一条腿"所产生的缺点。

为了便于掌握第四个特点，将其要点概括如下：

（1）分清主要的三个虚实，即脚的虚实、手的虚实和一手一足的虚实。

（2）注意调整左手左足和右手右足——手与脚的虚实，这是"上下相随人难侵"的关键。

（3）要根据轻重浮沉的原则，经常检查自己划分虚实中的缺点。

（4）要做到双轻、双沉和半轻半重这三个无病的虚实，这要刻刻留心，久久锻炼才能养成。

（5）推手时不要忘却"隅手对付隅手"的原则。四正手与四隅手要相互转换，两者俱练。

第五特点　腰脊带头、内外相合的节节贯串运动

拳谱规定：

（1）"腰脊为第一主宰，一动无有不动"；
（2）"周身节节贯串，毋使丝毫间断"；
（3）"欲要周身一家，先要周身无有缺陷"；
（4）"行气如九曲珠，无微不到"。

从以上四项规定中可以看出，为了达到一动全动，必须以腰脊为中心，因为腰是左右平行转动的中轴，脊是上下弯曲的根基。太极拳动作既要一动全动，那么在运动线路上就不能单纯地左右平旋，也不能专在上下、前后做弯曲动作，而必须将腰脊联合起来，使运动的路线形成一条既是左右，又是上下、前后的空间曲线，以建立一动全动的基础，也就是"混元"。这就是说，只有通过腰脊为中心，才可以使周身九个主要的运动关节依次贯串起来。此外，还要做到周身无缺陷，贯串如九曲圆珠，这样功夫才可以进展到周身一家的地步。所以腰脊带头，内外相合的节节贯串运动，就成为太极拳的第五个特点。

（一）节节贯串的实质

为了明确节节贯串的实质，试举下半身为例加以说明。当劲起于脚跟，通过踝关节，环绕着小腿上升到膝关节，再由膝关节旋转上升，环绕大腿到胯关节，能够做到没有丝毫间断，是谓下半身的节节贯串。这说明所谓贯串，不仅在关节上动，而且应使

整个腿环绕上升而动。若不经过大小腿而单由踝、膝、胯等关节动，则属于由一节飞跃到另一节的动，这是一种"零断劲"。因此，只有经过大小腿而上升的劲，才是真正的"贯串劲"。

明确了贯串劲，就可以找到着力之点。若使腿前弓后塌而没有左右旋转，则无论怎样也不可能将关节与肌肉贯串起来，这时就只能表现出关节的一收一放，与肌肉的放长无直接关系。手臂若是直伸直缩，情况也是如此。因此，这种贯串的要求除运用缠丝螺旋式的上升外是无法达到的。

（二）一动全动和腰脊的关系

太极拳动作首先要求外部九个主要关节能先后贯串地运动起来，这样才能引起内脏产生"按摩"作用。练拳时切不可几个关节动，另几个关节不动。为了做到全身关节依次全动，就必须在人身上找出它的中心环节，并用它来领导各个关节依次运动，这样才会使动作变得比较简单。否则，要运用脑力来照顾九个关节依次节节俱动，这会造成顾此失彼，忙个不休，不但不能达到贯串全动的目的，并且会失去动中求静的要求。

我们知道，腰与脊这两个器官居于人身的中部，它们天然具有中轴的功能。因此，如果能使腰脊配合特点三的螺旋运动，就可达到节节贯串的要求，所以在太极拳中称腰脊为第一主宰。因有这个中轴，双手才能运用离心力和向心力的统一性，做到"动之则分，静之则合"。

（三）节节贯串与增强关节机能

太极拳练到节节贯串以后，就可达到周身一家的功夫。练成这种功夫，只要简单地微微一动，就能使全身内外各部配合着动起来。这种贯串各关节的运动，可以增强关节，阻止关节发生退化现象。根据人体生理学规律，经常活动关节有助于保全关节面上软骨组织的正常结构；如不常活动，则软骨组织就会发生纤维性病变的退化作用。假使长时间不活动，它的附属器官还会进一步硬化，这样就形成了关节不灵的强硬状态。这些病变产生的原因，皆因润滑关节面的滑液分泌衰退的缘故。

由此可见，太极拳节节贯串的要求，对于增强关节机能起着重要的作用。一般练太极拳都先求开展，动作开展也就扩大了人体骨骼活动的幅度。所以练太极拳时关节上常会发出一连串的响声，使人感到轻松，这说明关节得到了锻炼。这样不仅可以保持关节正常的功能，而且还可以使骨骼的机能不断增强，加速关节及其周围血液的供应，因此至老也可健步如青年。

（四）关节动度的调节

太极拳虽然要求节节贯串，一动全动，但是其动作的幅度是大小不一的。人的日常动作对关节的影响是不平均的：九个关节中，转动最易且多的是腕关节，转动最小且少的是脊柱。而太极拳节节贯串的要求，却与此恰恰相反：要求腕关节动得愈小愈好，而脊柱却要求放长并动得要大些，亦即一直一弯的动度做得大些。腕关节的动度减小了，就使人不得不扩大身法来帮助达到节节贯串的要求，不得不以腰脊作主宰，否则就无法婉转自如地转过来。如果腕关节的动度不减小，则手腕一转，一个动作可以与脊无关地轻易转过去。滑过去，腰当然动得小了。所以太极拳名家常常说："练太极拳要练在身上，不要练在手上。"就腕关节来说，必须将腕关节的动度减小，迫使一举一动不得不运用身法，从腰脊上运出来。

（五）节节贯串的掌握

在运劲时必须由腰脊发动，以腰脊为中心，这样才可以练好节节贯串的功夫。而为了做到主宰于腰脊，不顾此失彼和不分散思想，则只有运用具有倾斜度的离心力来发动动作，才可以自然地把劲运到腰脊上去。所以练架子时，务须养成这种动作的习惯，这样才可使运动时不分散心思，不但可以做到腰脊带头的动，而且还可做到动中得静。"动之则分，静之则合"是描写离心力"动分"和"静合"的作用。虽然由于离心力使两膊同时螺旋地分开，但因为两膊相系，在开中还寓有收合的内劲；这是属于全身的开中寓合。其次，由于不是直开直收，使手臂也就具有螺旋式的开；这是肘合腕开和腕合肘开的开中寓合和合中寓开。前者是全身的开合相寓，后者是手臂的开合相寓。这种全身与手臂的开中寓合和合中寓开，乃是太极（阴阳）图的具体表现。练成这种功夫，才能纵横前后，左右逢源，触之则旋转自如，变化万千，为内外俱练提供了有利条件，也是解除技击上"顶匾丢抗"四种毛病的基础。

尊古陈式太极拳第一路拳以运劲为主。在运劲过程中，同时产生了化劲，化后就要发劲，这是运动发展的规律。现代为保健目的而修改的太极拳，几乎全是运劲，对于发劲大有删去不用的趋势。但是太极拳原是运发并用的拳，因此才构成了八门五步。所以有人将发劲的明劲改为暗劲，以达到有发劲之意，而无发劲之形，也就是将发劲改为放劲，以降低发劲的刚度，来适合体育锻炼的要求。所谓发劲，是在沉肩坠肘之下，将各种曲蓄有余的内劲引导着由脊背传递到手臂上再发出去的意思。所以拳谱中规定"劲由脊发"，即由脊脱扣而发出。只有这种发劲才是中正劲,它是由全身汇合了各个关节而发出来的。所以节节贯串的原则,不论是运劲、发劲和放劲均须贯彻,因为节节贯串的运劲正是节节贯串的发劲的基础。发劲除对年老者和体弱者有些不适应外,青壮年若能练到运发俱能的地步,不仅可练成四正、四隅的八门功夫,且对增强体力大有好处。

由此可知,节节贯串的运劲,不仅可为周身一家的功夫打下基础,并且可为节节贯串的发劲提供条件。发劲要节节贯串,是为了能加强其劲,将劲集中于脊背,然后发出去。同时,反过来又促进了运劲,所以它们两者相互为用,又相互增长,因此对保健与技击都有着极为良好的作用。

为了便于掌握特点五,现将要领概括如下:

(1)腰脊联合作中轴,手臂动作要有倾斜度(45°左右)。

(2)由中轴而产生的"动分"和"静合",是运用离心力达到贯串的中心关键。

(3)开中寓合、合中寓开是节节贯串和旋转自如的具体表现。

(4)发劲的节节贯串是加强运劲贯串的手段。

(5)减小腕关节的动度,为提高身法作用的必要手段。

第六特点 连绵不断、滔滔不绝的一气呵成运动

拳谱规定:

(1)"往复须有折迭,进退须有转换";

(2)"收即是放,放即是收";

(3)"劲断意不断,意断神可接";

(4)"如长江大河,滔滔不绝,一气呵成"。

从上列四项规定中可以看出，太极拳不以一动全动为满足，还要求在练全趟架子时能够进一步做到一气呵成，内劲不断。这是加大运动量的又一方法。其具体方法是：在手法上遇到往复时，要嵌进折迭；在步法上遇到进退时，要嵌以转换；在开合、收放时，要有收即是放和放即是收的意和劲。当然，这个特点同特点五一样，是在螺旋式缠丝运动的辅助下来实现的。如果在发劲之后出现了断劲现象，就要将这种发劲的余意接续下去。万一意也断了，则要运用意、劲的余神接续下去。为了做到这点，劲要有折迭转换，动作要用意不用力，借使收放统一的身法如同长江水流滔滔不绝，中间无卸劲的余地，亦无意驰的时候，这样就自然可以达到一气呵成的要求。因此，连绵不断、滔滔不绝的一气呵成运动就可作为太极拳的第六个特点。

（一）一气呵成的实现

这个特点是继特点五之后在一动无有不动的基础上再进一步加大运动量的具体措施。特点五着重于要求九个主要关节要一动全动，借使运动器官和内脏器官内外相合，以提高每一个拳式的运动量。而特点六则主要是要求在一动全动的基础上，从一趟架子的第一个动作开始，一直到一趟架子练完为止，中间没有泄劲和断劲的时候，也没有神气呆滞别有所思的情况发生，更没有松口气、离开用意的表现，而是做到自始至终连绵不断，波浪式地滔滔不绝，也就是说，要把一趟架子一气呵成。但是要将这种复杂多变的运动做得自始至终连绵不断，从大的方面说就要做到下述两个方面。

（1）手法上——运劲时凡是遇到一往一复的动作，在往复之间要运用折迭弥补其间，使前后两个动作能呈曲线状缓和地联接起来。这种折迭的做法是，在运劲到尽头，将要做下一动作之前，再往后一迭，然后再接着做下一拳式，这样就与下一动作的劲很自然且呈曲线缓和地连接上了。这就是拳论所规定的"意欲向上必先寓下，意欲向前必先寓后"的说法。这样做，不但前一拳式与后一拳式的劲接上了，并使下一拳式由于前一拳式的加速力关系，使它更加沉着和加强了，正如用毛笔写大字的回锋笔法一样。因此，太极拳运动除了一个动作在一个圈内可以做完者外，如果动作中有一往一复（如两个拳式连接处），就必须加以折迭，才可使上一动作的劲毫无间断地贯串到下一动作中去。这是在手法上因有折迭而达到相连不断的方法。

（2）步法上——凡遇到动步进退时，在它们之间用一个"转换"来弥补其间，使前后的步法也能呈曲线缓和地连接起来。这种转换的做法是，迈步向前或是退后均不可直线地直进直退，而必须在前一步到后一步之中嵌进一个转换。这种转换，就是太极拳五步中的顾盼二步。有了顾盼二步的转换步法，不但可使腿部的劲强有力地连接起来，并且可使腿部不离开缠丝，能与两臂的缠丝上下一致地联合起来，起到劲起于脚跟，形于手指的贯串功用。

太极拳整个套路内是不断有往复的，因此也是不断有折迭的。有了折迭嵌进在动作之内，练起拳来就显得有一种留恋缱绻的感觉，产生似松非松、将展未展的神态，并表现出波浪滔滔的起伏状，好像一浪过去，又是一浪地动荡不已。

太极拳一趟架子内是不断有进退的，也是不断有转换的。有了转换嵌进在进退之间，就使进退不再是直进直退，而是可以显出婉转的回旋和生生不已。我们在泥地上练拳时，练完一趟架子之后，在泥土上可以留下许多足跟的圈儿，这就是这种转换的顾盼二步所留下的正确痕迹。

（二）神气动荡和一气呵成

从姿势方面如何做到连绵不断，已如上所述。本节着重叙述在神气方面应如何达到连绵不断，从而达到内外一致，继而真正达到连绵不断。

要检查神气方面是不是断了，只要看练拳人的神气是呆滞还是动荡，换句话说，只要练拳人的神气是随着动作而表现出动荡的神态，就证明此时此人已经将意贯注于动作之内了，证明他正在用意练拳；即或表面看到好像劲断了，如果意识还存在于动作之中，就只能说，他的内劲在运动中减弱了，而不能说劲已断了。因此，练习走架子时，应该注意掌握神气的动荡特性，因为这是表示内劲不断的唯一标志。所以，练太极拳一开始就应注意将内意和外神寓于动作之中，毫不间断。久之可以养成习惯，做到不走架子则已，一走架子神气必动荡无已，思想无暇开小差。这样做，即使万一思想开了小差，仍能尽量保持神的存在，可以很快消除劲断意驰的现象。

（三）劲别和一气呵成

太极拳《正功解》上说："太极者圆也，无论上下左右，不离此圆也。太极者方也，无论上下左右，不离此方也。圆之出入，方之进退，随圆就方之往来。方为开展，圆为紧凑，方圆规矩之至，孰能出此以外哉。"这是太极拳要求方圆相生的由来。在初学太极拳时，一切动作都要求圆，即或极小的转关，也都要求圆行圈走。关于圆，前面已经说得很多，但仍应指出下述一点：当功夫练到相当纯熟之后，在运劲到达终点时，应把这一拳式规定的劲别表现出来。而要表现出劲别来，就必须在圆行中现出方来。换句话说，要想在运劲过程中表现出劲别来，就必须有方。所以拳论说："只圆无方是滑拳，只方无圆是硬拳。"

拳论又说"卷放得其时中，文体之本；蓄发适当其可，武事之根"，又说"呼为开、为发，吸为合、为蓄。盖吸则自然提得起，亦拿得人起；呼则自然沉得下，亦放得人出。此是以意运气，非以力使气也"。这是说功夫达到高深时可不再运用大开大合姿势来进行蓄发，而仅运用肌肉皮肤的涨缩即可进行拿放。用太极拳术语来说，这是"寸劲"的功用，也是气功的基础。到此功夫，就可以不必顾虑有断劲的发生，因为这时已经达到方圆相生的高境界了。

为便于掌握这个特点，特把其要领概括如下：

（1）遇到动作有往复时，必须嵌有折迭——这是在手法上做到连绵不断的必要措施。

（2）遇到身体有进退时，必须嵌有转换——这是在步法上做到连绵不断的必要措施。

（3）劲断了，要有意在，意不到时，要有神在，这是补救劲断的方法。

（4）能神气动荡地走架子，就可证明已将意贯注于动作中了。意在，为内劲不断的标志。

（5）太极劲的方圆相生，是从"呼为开展、为方"和"吸为紧凑、为圆"中产生出来的。

第七特点　化僵为柔、积柔成刚的刚柔相济运动

拳谱规定：

（1）"运劲如百炼钢，何坚不摧"，"极柔软，然后极坚刚"；

（2）"外操柔软，内含坚刚，常求柔软之于外，久之自可

得内之坚刚;非有心之坚刚,实有心之柔软也";

(3)"太极拳决不可失之绵软。周身往复,以精神意气为本,用久自然贯通焉";

(4)"运劲之功夫,先化硬为柔,然后练柔成刚。及其至也,亦柔亦刚。刚柔得中,方见阴阳。故此拳不可以刚名,亦不可以柔名,直以太极之无名名之"。

从上述四项规定中可以看出,太极拳的学习,首先要摧毁人们动作中原有的坚硬劲,就是我们常讲的僵劲,并使它化为柔软,这是化柔的时期。这个时期愈长,则愈可把僵硬摧毁得彻底。此时的要点是仍须不失绵软,在柔软之下,向着更有弹性的坚刚上迈进。这个刚,不是从努力和鼓劲而产生的"生铁"的刚,而是由松开和放长而产生的弹性的刚。因为身肢放长,并不断螺旋式地绞来绞去,就可产生这种弹性,因此,又可名为"掤劲刚"。这样掤劲中能搓揉得愈柔软,则内在的质量也就可愈坚刚。只有这种具有弹性的刚,才能达到"外操柔软,内含坚刚"的要求。这种刚柔的变换是由精神意气的隐显来掌握的。所谓"隐则柔""显则刚",就是这个道理。功夫精进后,劲可内隐得极深,使外形显得极柔,使人感到好像又回复到柔上去了,其实内在的质量却更加刚了。因此,化僵为柔、积柔成刚的刚柔相济运动就成为太极拳的第七个特点。

(一)刚柔相济的拳术

对太极拳刚柔的看法,怎样才算正确,这是练拳人都希望知道的问题。为了解答这个问题,还须从太极拳发展的环境说起。黄河流域的人民大多喜习硬功拳,因此在该地区流传的陈式太极拳也有向坚刚上发展的趋势。但陈式家传者,却仍能保持太极阴阳的原则，表现出刚柔相济的特色。在长江流域，为保健而学习太极拳的知识分子占了很大的比重。他们为了适应体质的需要，逐渐地向着柔软上发展。但杨氏家传太极拳也仍保持着太极拳"柔中寓刚，棉里藏针"的风格。现在流行的各式太极拳，从架子的编组上来看，大体上是相同的，但是从刚柔快慢上来看，则各具特色。因此，一般学习太极拳者可各按其需要而学其所爱。至于纯柔无刚或纯刚无柔的说法，则任何武术都是没有的。即使是一般所称的硬功拳，内中亦仍有刚有柔。何况太极拳是由阴阳相济产生一系列相济而又对立的特色的一种拳术。因此，所谓"柔功太极拳"或"刚功太极拳"的说法是不存在的。

（二）求软摧僵时期

一个人不论他是否练过武术或其他运动，但他在日常生活中必定经常拿过重物，用过气力。这样，就使每个人在动作中都不免带有硬僵的鼓劲。若想学好太极拳的运劲，对这些原有的鼓劲就必须以"百炼成钢，何坚不摧"的劲头把它去掉，这是练太极拳的初期要求。

在此时期，应力求柔软，务须在走架子的"千锤百炼"过程中使人们动作中所固有的僵硬劲化为柔软劲，并养成这种柔软的习惯。这是摧去原有硬僵和建立新的柔软的时期。这一时期的特色是尽力求柔，在毫不用力的原则下慢慢地动作。这时愈不用力，就愈易使人发现动作中的缺点，也就能愈快地摧去动作中的硬僵劲。因此，可以说这是一个最好的"炼钢转炉"，能把运劲炼到节节柔软地贯串起来。

（三）练柔成刚时期

上述求软摧僵期的要求是化硬转柔的初期要求。本期则是转柔成刚的时期。这一时期，首先必须明确刚是哪一种性质的刚和怎样才能运柔成刚。拳谱上说，练拳要"有心求柔，无意成刚"，所以动作不准用力，要求全身松开。这种"松"是有意识的松，但不是静寂而没有意图的松，同时它和努劲鼓劲也是毫无共同之处的。所谓"松"，意为由放长身肢来达到松开，由松开的放长来使身肢产生弹性。弹性加强，则成为掤劲，掤劲正是太极拳要求的弹簧劲。这种弹簧劲的加强，就是太极拳所要求的刚。

明确了刚的性质，现在再谈一谈怎样才能运柔成刚。刚性的加强，是靠内气的贯串而实现的。刚性质量的提高，则是靠缠丝劲绞来绞去以加强弹性的韧度而实现的。因此，运劲如缠丝和身肢放长便成为做到最柔而又最刚的关键。这就是拳谱中所说的"常求柔软之于外，久之自得坚刚之于内""非有心之坚刚，实有心之柔软"。太极拳就是这样由柔软变成坚刚的，也只有这种由柔软变成的坚刚，才可以达到忽柔忽刚、亦柔亦刚的熟练境界。

（四）刚柔的变换

变换刚柔，在神气上说，是通过隐与显表现出来的，隐则柔，显则刚；在姿势上说，是通过开与合，在运劲过程中表现为柔，在运劲到达落点时，则表现为刚。因有神气的隐显与劲势开合的配合，刚柔就得以充分地表现出来。落点是运劲到达尽头之点,乃是神显气聚之处,所以此时此处运用刚法,可谓恰到好处。除此以外,在一切开合转换过程中,因都是神气鼓荡和圆活转换变化的过程,此时均宜用柔法。概括起来说,每个拳式动作都有开合,每个开合过程中都有运劲的落点,落点要用刚劲,其他都用柔劲,以做到刚柔相济。这就是运用刚柔相济的正确地点,是一项必须遵守的原则,也是练出八门劲别的基础。在这方面,可以根据苌乃周氏拳谱内《刚柔相济论》的说法,把刚柔转换归纳为五点供作参考。

(1) 若纯用刚法,则气铺全身,牵制不力,到达落点必不能表现坚刚。

(2) 若纯用柔法,则气散不聚,没有归着,到达落点也不能表现坚刚。

(3) 应刚而用柔,则气应聚而不聚;应柔而用刚,则气应散而不散,皆不得刚柔相济的妙用。

(4) 所以善用刚柔者,到达落点时用刚,如蜻蜓点水,一沾即起;这是表现刚点的正确形象。在一切运劲转换时用柔,如车轮旋转滚动不停;这是表现柔点的正确形象。

(5) 必如是,乃得刚柔相济的妙用,方能去掉气歉不实和濡滞不利的缺点。

(五) 刚柔相济的掌握

(1) 力求柔软。初学走架子时,主要是学习各种姿势。通过学习这些不同的姿势,先化去身上原有的僵硬劲,这种僵硬劲是人人都有的。所以,在这一阶段应不遗余力地尽量求柔软,这对先前学过硬功拳而后转学太极拳的人来说,则更加显得重要。

(2) 力求身肢放长,以生弹性刚。在这样很柔、很慢地练习一二年之后,如果动作中已经去净僵硬,达到绵软的程度,且已养成这种习惯，就可以转入下一步的练习。这时，首先在心意上应有全身处处放长的意念，并在姿势动作中按照拳论规定，大力进行放长的专门练习（如虚领顶劲、气沉丹田、含胸拔背等），借使心意与身肢在紧密配合下专习全身的放长，以求得弹性刚。初练拳时，对各种放长的规定，如含胸拔背等，只用意念就可以了，而到此阶段，刚应在用意和身肢上共同进行了，因到此时已不致因放长再染成相反的鼓劲病象了。

（3）做好"柔行气，刚落点"。在全身放长达到要求后，就可以进一步在每个开合的落点结合着神气外显形成方点，表现出四正和四隅的劲别来，这是太极拳"方圆相生"中方的练习。在方点要表现出极其坚刚的刚（也就是要使身肢绷得极紧且长），而刚过后则要求在整个运动过程中表现出极其柔软的行气。整趟架子就应在这样的刚柔相济情况下进行。因此，练拳时应该牢牢记住六字要领："柔行气、刚落点"。

（4）刚柔运用与"意气风发"。刚柔的运用，必须结合着心意、神气和呼吸的运用，也就是在"意气风发"的基础上，配合运用深强的呼气来使身肢下沉而放长，借以加强弹性，成为弹性刚（如发劲等）；在意静气敛的基础上，来使肢体肌肉连带松开，从而形成活泼无滞的柔软，由柔软变化万端。这两者在生理上都是一种自然现象。

总之，太极拳的刚，不是鼓劲的刚，太极拳的柔，不是无弹性的柔，而是"意气风发"，外显以成刚，意静气敛内隐以成柔。心意一动，神气随之，神气隐显，则柔刚变换。所以在一趟架子的练习中，神气应忽隐忽显，心意应不断地指挥，神气还要不断地隐显和鼓荡，这样肌肉才能不断地变换刚柔。这是掌握和练习刚柔变换的一条要道。

为便于掌握特点七，把其要领概括如下：

（1）初期要化去原有的僵硬劲，越柔软越好；这段时间也是愈长愈好，一般要一二年。

（2）全身练到绵软后，即可进而具体地练习全身的放长，以练习刚劲。

（3）行气用柔，落点用刚，是太极拳划分刚柔的界限。

（4）心意结合神气的忽隐忽显和呼吸，是太极拳对于刚柔变换的法则。

（5）刚柔同样达到高级水平，是太极拳"妙手"称号的标准。

第八特点　从慢到快、从快到慢的快慢相间运动

拳谱规定：

（1）"动急则急应，动缓则缓随"；

（2）"彼不动，己不动；彼微动，己先动"；

（3）"初学宜慢，慢不可痴呆；习而后快，快不可错乱"；

（4）"形抗五岳，势压三峰，由徐入疾，由浅入深"。

从上列四项规定中可以看出，在初练太极拳套路时，动作应越慢越好，可将时间放长。动作放慢了，才有修改的机会，才能检查出不顺遂的地方。但是，慢不可慢到面部表现痴呆，这是慢的限度。以后，随着熟练程度的提高，可逐渐加快，缩短练一趟架子所需的时间。但由慢转快，同样也要有一个限度，即动作虽快，但仍能沉着，仍能表现出劲别来，并不发生浮飘与错乱现象。这是指练习一趟架子所需时间的长短而言的。在这种能慢能快的总前提下，用到每个拳式时则须将这种快慢的对立面统一于一个拳式中，即转关处要慢，过了转关处就逐渐加快，运到落点时最快。以后复转慢，如此周而复始。所以太极拳的每个拳式都要经过能慢能快的锻炼，这样才能在推手时做到"彼微动，己先

动""动急则急应，动缓则缓随"，创造有利于自己的条件，并能达到快慢相间的统一。

所以，从慢到快、从快到慢的快慢相间运动，就成为太极拳的第八个特点。

（一）快慢的发展程序

太极拳初学阶段，万不可快，必须尽力求慢，愈慢愈好。因为慢可以细心揣摩姿势的正确性，可由粗到精，对每一个动作的来龙去脉都有充分的时间加以审查，这样，姿势就易于纠正，并可在转关处检查出是否顺遂。不过慢，也不是慢无期限，一般经过一二年的学习、模仿、检查和纠正，就可以了。这一点在初学时要有一个正确的概念。这是只求姿势正确，不求劲别分明的时期。

这个时期的慢还要有个条件，就是说慢要在提起精神和神不外散的前提下求慢。如果动作慢得神气上表现出迟钝和呆板，行动上表现得滞重和不灵，就与太极拳意气运动的要求相反了。因此，慢必须在神气鼓荡和意气灵换下求慢，这是太极拳对于慢的标准。为此，在初学时万不可染上这种意滞、神呆的习惯，给以后的提高造成困难。

以后随着熟练程度的提高，可渐渐加快速度，但快不可错乱，这是锻炼劲别的时期。最后，到功夫精进后，拳式可由开展发展为紧凑，使运劲的线速度又逐渐变缓，而转关处的角速度却更快了。这是先慢、后快、复缓的三层功夫，也是快慢发展的三个程序。

（二）由慢转快的时间和条件

在什么时候和什么条件下由慢转快最合适？为了回答这个问

题，先要弄清由慢转快的两个标准。

（1）动作沉着。在全趟架子内，即或动得比原来快一些，但仍能不改变原来运动的沉着性，这是正确的加快。如若不能，并显出浮飘，则说明动作加得太快了，应立刻放慢些。在这个标准指导下，可以随着熟练程度的提高逐渐加快。

（2）能表现出劲别。太极拳是由八门五步编成的。在运劲时应该充分表现出八劲之一（如四正的掤捋挤按或四隅的採挒肘靠）。若动作太快时，一转就滑过去了，就不易表现出要求的劲别。因此，如感到自己很难再表现出劲别，就说明动作已加得太快了，应该放慢些。这也是由慢转快的标准。

上述两点，乃是由慢转快的两个标准。有了这两个标准，就可以指导我们正确地掌握由慢转快的时间和条件，使运动的速度恰到好处地由慢转变为快。这里所指的快，并不是将太极拳全部动作均改为快动作，而是在每个拳式的开合中，转关折迭处都要似松非松、将展未展地表现出留连缱绻和绵软的慢动作来。因此，所谓快，仅是在由圆转向方的过程中表现出来。这种加速运动是八门劲别产生的基础，若没有这种角加速力，就无法表现出四正和四隅的劲别，也无法适合"动急则急应"的要求。太极拳的发劲，就是利用这种加速过程而实现的。在开中寓合和内劲曲蓄条件下，当达到目的物附近时，突然如弓弦脱扣似地一振而发，把内劲从短距离内发出去。武术家把这称作"寸劲"。

（三）快慢相间和匀清、劲别

根据上述理论可以知道，凡是单独的慢动作或是单独的快动作都是不符合太极阴阳相济的要求的。另外，对人类注意力的稳定性来说，从心理的生理基础可以看出要使注意力作长期的同等强度的注意而不破坏其稳定性是不可能的。要使注意力稳定和意神不涣散，就必须使注意力的强度有高有低。而太极拳为意气运动，它要求把意识贯注于动作之中，因此，为了不使意神涣散，则动作就要快慢相间，这样才能配合意气的起伏特性，促使注意力得到稳定和神气鼓荡。其实，动作的快慢相间也是人类的一种天然本能，它既是保健所必需，也是技击所不可少的。因此，以一个拳式而言，要求达到快慢相间。然而从一趟架子来说，这种每个拳式的快慢相间，还要求具有均匀的变化幅度。这也就是说，从运动开始到结束，需要慢时都是同样的慢，需要快时都是同样的快，用太极拳术语来说，就是要做到"匀清"。假使能达到这个要求，则习练者的呼吸必定能调节得很"匀清"，不会有渐趋急促的现象。这种使动作与呼吸两者均达到"匀清"的功夫，是太极拳修养有素的一种具体表现，是久练得来的真功夫。因此，开始由慢转快时，切不可怕呼吸急促而不敢做加快的动作，那是因噎废食。总之，太极拳要如长江大河的波浪一样，既滔滔不绝又匀清地起伏运动。

太极拳是由八门五步所组成的。初学时，为了化去身肢原有僵硬的拙力，所以暂时可不表现出劲别，可以只圆不方。这一时期之所以允许不表现出劲别来，是因为练习不够、功夫不深和习惯尚未养成，是因为这时若要求表现出劲别，就容易产生努劲、鼓劲的毛病，不再能产生身肢放长的弹性劲。

在练过一二年求软摧僵的功夫以后，自觉僵劲已去净，即可在走架子时表现出劲别来。表现出劲别，乃是练习太极拳所必不可少的，也是八劲所要求的，亦即加速力到达落点时要表现出：

（1）向外有掤劲，向内有捋劲，双合有挤劲；

（2）向下有按劲，双分有採劲，发出有挒劲；

（3）手腕出了方圆有肘劲，肘臂再出方圆有靠劲。

这样运动，才可以说是由八门五步所组成的太极拳。为此，练拳到一定时期以后在走架子时，应该充分做好这个快慢相间的动作。快慢相间久练久习，即可使八门劲从无到有，从有到强，做到名副其实的八门五步。

（四）快慢相间的掌握

（1）初学时尽力求慢。初学时，为了便于检查与纠正每个动作，必须要慢，要循序渐进地练过这一个求慢的时期，切不可性急，以免给进一步提高造成困难。

（2）须在精神提起与意气灵换情况下求慢。初学时为了检查与纠正姿势而不得不慢。但是正如上述，慢要有个限度，也就是说不可慢得似动似停，目定神呆，好像在那里想什么事情。这种慢，近于站架子的站功，不是行拳所需要的。因此，慢必须在精神提起和意气灵换的前提下求慢，这样才不致产生痴呆和精神涣散的缺点。

（3）须在动作沉着和能表现出劲别情况下求快。求快同求慢一样，也不是漫无限制地往快上走，同样要有一个限度。虽快，但动作仍要沉着。沉着的快，是太极拳要求的快，不沉着就是病象。同时，还必须在能够表现出劲别情况下求快，因为表现了劲，就限制了快。这样的快，是有利无害的快，它不致浮飘不沉和劲别不分，不致失去方圆相生的功能。

（4）转关处慢，转向方点时加快。上述三点说明走一趟架子时对快慢应掌握的分寸，现在再谈一谈每一个拳式的快慢原则。太极拳规定，凡在转关折迭处应慢，过了转关后运用加速劲向快上运劲，如此周而复始地进行。同时，在一趟架子中，这种快慢相间的变换，还要求达到"匀清"。这是锻炼八门劲别的基础，使它由无到有，由有到强。

为便于掌握特点八，把其要领概括如下：

（1）初学时要慢，目的是有一个检查纠正的机会。

（2）求慢必须以精神提起和意气灵换为前提。

（3）随着熟练程度的提高，应逐渐缩短走一趟架子所需的时间。但求快，必须以动作沉着和能表现出劲别为前提。

（4）快慢相间的原则是转关折迭处慢，过了转关后，渐渐加快，过方点后再转慢。同时，转关时行气要慢，尽头的落点要快。

（5）在整趟架子中，快慢相间的变化幅度要求做到匀清。

结束语

太极拳的八个特点是从太极拳拳谱中一再经过提炼而精选出来的。前人留下的宝贵的练拳经验，早已成为现在人们练习太极拳的原则，也是人们练太极拳所一致遵循的准则。

另外应该指出，特点虽分八个，但其实质是一个，因此在练习架子或推手时，不可孤立地对待这些特点，务须在每一个动作中都逐渐做到符合这些特点。因为任何一个拳式或动作，都必须运用集中的意识来指挥整个动作过程（特点一），使身肢在精神提起的前提下具有弹性（特点二），并在顺逆螺旋缠丝（特点三）与虚实灵活变换中（特点四），促成内外相合，达到一动无有不动的节节贯串（特点五）和连绵不断的一气呵成（特点六），表现出刚柔相济的质量（特点七）和有慢有快的速度（特点八），这是太极拳应具备的特色。

从上面的分析可以看出，这些特点是相互依赖、相互制约、相互促进和相互转化的。因此，如果孤立对待，企图只贯彻一个特点而放弃另外的特点，则不但损害了后者，同时也影响了前者。所以这些特点不是为一个特定动作所特有，更不是某一个动作仅有某一个特点,而是构成整个太极拳套路的每一个拳式皆应具有的特点。

现在流行的太极拳,不论是哪一式,也不问姿势是开展还是紧凑,更不管这趟架子内多几个拳式还是少几个拳式,只要细心观察,这些外表虽有差异的太极拳架子,内中或多或少都具有这些共同特点。所不同的,仅是有的是明显地表现于外,而有的则以暗劲方式隐藏于内。这也说明了太极拳流行数百年不为其他武术所同化,而仍能独具一格,皆是这些共同的特点作了中流砥柱。因此,学习太极拳时,不可等闲视之。

但在初学时想要一下子就掌握这八个特点,这是不可能的。初学时只要认识了这些特点,知道它是前人留下的经验总结,明了它是构成太极拳的基本因素,就不难根据前人的经验,遵循前人已经指出的方向稳步前进,就不难收到太极拳应有的功效。

第三节 陈式太极拳对身体各部位的要求

一、头颈部

练习太极拳对头部的要求十分严格。拳论中有"头顶悬,虚领顶劲,头顶之竖"或称为"提顶、吊顶"等,这些说法都是指头要上顶,又避免颈部用力。如顶劲过大则引起颈部肌肉僵直,失掉了灵活性和自然性。头为六阳之首,一身之主。如果头部东倒西歪,不仅影响姿势的优美和动作的协调,而且会使精神难以集中。掌握好头部的要领就易做到立身中正,精神集中,动作起来周身灵活,否则就会精神涣散,动作不协调。因此,对头颈部的要求不能看成只是一个姿势的问题,而应当把它与精神集中密切联系起来。练拳时，如果精神集中，则一招一式、伸手迈步都受意识的指挥，周身上下协调一致，动作就会轻灵而无呆滞的现象。

两目平视而兼顾两旁，下颌微向里收，唇轻闭，齿轻合，舌尖抵住上腭，使口腔肌肉松弛，增强唾液的分泌。耳听身后，精神集中，头颈保持自然正直，并能随着身体位置和方向的变换与躯体的旋转而上下连贯一致，使任、督二脉相通，内气通达百会穴。

二、躯干

1. 胸

练习太极拳时要求"含胸"，如果胸部挺起，则心气不易下降，横气填胸，丹田空空，身体上重下轻，下盘不稳。但若两肩前扣，形成弓背耸肩的不良姿势，同样影响行气和动作的优美，并会压迫胸腔，影响呼吸。

怎样做好"含胸"呢？首先应保持脊柱自然直立，头颈竖直，两肩下沉，两肘下垂，胸背肌肉要随着两臂的伸展动作尽量地舒展开，做到自然松弛；将胸微向内含，做到既不呆滞，又不勉强。但同时要配合"塌腰"。含胸不塌腰易变成弓背，塌腰不含胸易往外挺胸。所以二者必须兼顾。

2. 腰

练习太极拳，腰脊尤其重要。拳论中说，"腰如车轴，气如车轮，用力在腕，机关在腰"，"腰脊为第一主宰"，"十三总势莫轻视，命意源头在腰际"，"刻刻留心在腰间，腹内松净气腾然"，这都是说腰脊在练习太极拳过程中起着主宰作用。

"塌腰"是对腰部的具体要求。腰部要有意识地向下垂，但不可用力，不能使腰部肌肉紧张而影响转换的灵活性，要按照脊柱的生理曲线自然下塌。这里还需要注意，含胸塌腰都是向下松沉，头顶要保持虚虚领起，使脊柱有上下对拉之意。脊柱是贯串整个躯干的中轴，起着维持身体姿势的作用。拳论中说"腰为纛，气为旗"，在运动中又将脊柱的作用喻为旗杆的作用。

3. 臀、裆

练太极拳时要适当地垂臀和敛臀，就是说，臀部不要外突。不然易造成腰部前挺和胸部突出的现象，使胸肌紧张而影响呼吸的自然调节和周身动作的完整性。因此，必须使臀部下垂，臀肌微微收敛，以保证躯干的正确姿势。

练太极拳对裆部的要求更为严格。裆要"吊"或"裹"，也有把顶和裆联系起来称为"提顶吊裆"的，就是用意识使肛门肌肉向内收敛，但不可用力，并要与垂臀相联系。垂臀，则骶骨和脊柱形成直线，以利周身动作的完整性。它和"顶头"的要求一样，靠意念的支配，而不是用拙力。练拳时要求开裆、圆裆，在松、圆中使身法转换灵活。拳论中说的"开裆贵圆，使来脉虚灵"就是这个意思。

三、腿部

拳论中讲，"其根在脚，发于腿"，"主宰于腰，形于手指，由脚而腿、而腰，总须完整一气"，就是说，步法进退、发劲的根源，主要在于腿部。腿部姿势不当，往往会影响上体的动作。所以拳论中说："有不得机不得势之处，身便散乱，其病当由腰腿求之。"这说明上体姿势的毛病，多数与腿有关，腿部虚实不明，则变换不灵。所以练拳要时时注意下肢的姿势和步法。

无论哪种步法，都要注意分清虚实。进退步的变换，主要取决于髋、膝、踝三个环节。这三个环节，有一处姿势不当，就不利于虚实变换和重心的稳定。

髋关节要松。其前提是向上能保证转体灵活，向下能保证提腿落脚轻灵。练习时可根据动作方向，注意将髋关节微向后收缩，以助身体的中正。同时，放松腹部，有利于气沉丹田。

对膝关节的要求：在一般情况下实腿的膝盖不超过脚尖，腓肠肌（小腿肚）不超过脚跟，屈膝时配合"松髋"，达到膝关节灵而不僵。例如，弓步的前腿为实，后腿为虚。实腿弯曲的膝盖不能超过足尖，超过则影响髋部的放松和关节的灵活；虚腿伸直而膝窝（委中穴）莫软，后髋部松沉，使膝部留有余地，便于灵活转换。屈膝与松髋的配合，和松肩沉肘一样，相辅相成，互为补充。

踝关节受生理条件所限，它没有膝、髋关节的活动幅度大。练习时，要按运动的方向顺随膝、髋关节做支撑旋转、上翘、下垂、里扣、外撇等动作，保持自然放松的灵活状态，否则就不能达到"由脚而腿、而腰，总须完整一气"的要求，影响全身的协调配合。

四、步型

陈式太极拳的主要步型有弓步、虚步、独立步、仆步、坐盘等，常用的是弓步和虚步。

（1）弓步。弓步步幅的大小，因人而异。在开步时，一般以一腿弯曲支持体重，另一腿自然伸直（不得挺直）为宜。弓步要求前腿膝盖一般不超过足尖，足尖朝前微向里扣，髋关节松沉。后腿微屈膝，膝窝莫软、足尖外撇，两足全脚掌着地。弓步有"二八"步、"四六"步、"三七"步之分（数字指两腿分担体重的比例）。两足不可放在一条直线上，前足跟和后足跟横向距离为15~40厘米。这样做前迈、后撤步时都很方便，也便于保持身体平衡。

（2）虚步。一腿屈膝支持体重，臀部与足跟基本垂直，全脚掌着地；另一腿微屈，脚尖或足跟自然着地。

（3）独立步。一腿屈膝支持体重，另一腿屈膝提起。

（4）仆步。一腿屈膝下蹲，另一腿以脚内侧或足跟内侧或斜前方贴地铲出。

（5）坐盘。两腿呈左前右后或右前左后交叉平蹲。

步法进退变换时要轻灵自然，不要用拙力猛起猛落。前进时以足跟先落地，然后重心前移，将脚全部踏实。后退时足尖先落地，然后重心后移（这主要指第一路拳的要求）。

（6）足。足是一身之根基。根基不稳，身法必乱。"手进三分，足进七分"，当然，没有身法和步法之进，足也不能进，但足踏不稳则影响周身。拳论中说："劲起足跟，行于腿，主宰于腰。"可见周身之劲虽发于腰（包括手、肘、肩等），但却是足踏地面，借用地面的反作用力而发出的。足踏不稳，劲难发出，一攻即倒。如不得势，退步避锋，更需留神踏稳。因此，足和其他部位一样，也很重要。

足踏地时，要五趾抓地，使足心含空（涌泉穴要虚）。退步时足尖先着地，旋转倒退时（如倒卷肱），以足跟贴地铲出。左右开步时，以足内侧贴地铲出。足贴地要轻，所谓"如临深渊，如履薄冰"，其含义是，开步或退步都带试探的意味，如不得势，即能迅速收回。其要点在于两腿分清虚实。在开步时不一定要以足（足尖或足跟）贴地。

足尖的上翘、下落、外撇、内扣、前进等都要由大脚趾领劲。上肢以手领肘，以肘领肩。下肢以足领膝，以膝领髋，不可用僵劲。后退时，以腰带髋，以髋带膝，以膝带足，上下相随。

五、上肢

（1）肩肘。练太极拳讲究松肩沉肘。肩肘相连，能松肩，自然能沉肘；能沉肘，自然能松肩。故练习时应经常注意两肩关节的松活，有意识地向外引伸，把肩关节的劲自然地逐渐拉开放松，使两肘下沉，这样运动起来就没有丝毫阻碍。

（2）手。引进落空、避实击虚，手是第一道防线。太极拳练到高深程度时，周身无处不是拳，挨着何处何处击。但仍以手为最灵便。故说："出手不见手，见手不能走。"

主要手型分为掌、拳、勾。

掌：又称瓦拢掌。指肚微微向后张，劳宫穴要虚，虎口要圆。每个手指与身体的其他部位都有一定的联系，如拇指与胳膊和前胸部、食指与前肋、中指与腋下的肋部、劳宫穴与中心、无名指与后肋、小指与后腰（即命门穴一侧）、虎口与腋窝等都相联系。如虎口夹住，用了僵劲，腋窝就有反应，也像夹住一样（即影响肩关节放松）；虎口用力张开，腋窝就像架起来一样。虎口自然张圆有利于松肩。练习时出掌要自然，手指要舒展。

拳：要求四指卷屈，拇指扣其上面，不要太用力，但触物时要握紧。

勾手：五指自然捏拢，不可用力，腕微屈。手与肩肘，同足、膝、髋要求一样，都需完整一致。运动时如果手引伸过度，容易把臂拉直，失去了松肩沉肘的要领。而过分地沉肘，忽略了手的引伸，则易造成臂部过于弯曲的毛病。练习时，在不破坏松肩沉肘的原则下，宜使臂部保持一定的弧度，手尽量舒展引伸，做到动作圆满顺随、轻而不浮、沉而不僵、灵活自然。

在手的动作要领上，拳论中还有"手领神随，身端步稳"之说。太极拳注重意识引导动作，这是一个特点。武术中不论什么拳套，都包含技击的方法。应用时因敌变化，避实击虚，整打零用。实际应用不是依照套路的形式出现，而是通过这种方法，提高身体素质，使身手内外各个部位，在各个角度都能适应客观条件的变化，熟练技击方法。

第四节 陈式太极拳十大要领

陈式太极拳十大要领是演练陈式太极拳最基本的知识，动作要领是学好陈式太极拳的入门和根本，必须弄通弄懂，在演练时需严格遵守。

一、虚灵顶劲

虚灵顶劲是指演练太极拳时，始终保持头部端正，百会穴轻轻向上领起，有提绳之意。此为演练太极拳最基本的要领之一。要想做到虚灵顶劲，须先弄准百会穴的位置。百会穴位于人体头部顶端中央的发旋处，也即后发际正中向上七寸处，又称三阳、三阳五会、五会、巅上、天满、维会、泥丸宫、岭上、岭上满天等，为人体之制高点。《拳论》说："百会穴领其全身。"虚灵顶劲就是要清气上升，虚达于百会穴。

清气如何上升？《拳论》说："非平心静气不可，浊气必下降至足。一势既完，上体清气皆使归于丹田，盖心气一下，则全体之气无不俱下。"顶劲领起来，气归丹田，起于会阴，上行循腹里天突、廉泉，上督脉，亦由会阴起，过长强，顺脊逆行而上至百会。

何谓"顶劲"？《拳论》说："顶劲者，是中气上冲于头顶者也。"如果中气不向上领，正气即塌，四肢瘫软，无所依附，犹如一堆烂泥，打拳从何谈起？但顶劲绝非硬顶，硬顶是僵劲，非为真正的顶劲。"顶劲上领，意思如上顶破天，不可用气太过"。太过则正气猛涌上头，头重脚轻，足下不稳，扭转不灵，气脉不通，横气填胸，有损身体健康。顶劲又不可不及，不及则提不起精神。所以《拳论》说："中气上提，若有意，若无意，不轻不重，似有似无，不过不及，折其中而已。""打拳全是顶劲，顶劲领好，全身精神为之一振。"

虚灵顶劲，既是打拳必须严格遵循的基本要领，同时又是一种拳术境界。练拳之初，很难真正领会其意，准确把握要领，只要由招熟渐悟到懂劲阶段，内气开始动荡，清气产生、丰盈，膀胱发热，丹田中正气浩瀚，才可真正体验灵机一动，清气上浮，周身空灵的奇妙境界。但尽管如此，演练者从一开始，就须严格遵守虚灵顶劲的要领。非如此，难于练好太极拳，不会产生清气，也不会有以后的清气上升、浊气下降、随心所欲的通达和自如。

二、含胸塌腰

含胸塌腰是在开胯屈膝的同时胸脯向内微微含住，心气下降，两胁微束，腰劲自然下塌，周身血脉流畅无阻；要塌腰，必定含胸。两者不能分开进行，而要互为前提，互为照应。

含胸要含住劲，切忌胸部外挺，若胸部外挺，则会引起气拥胸表，致使自身上重下轻，脚腿上浮，重心不稳。含劲要四面包含住，却不是紧紧收闭，而要"胸虚如磐"。《拳论》说："中间胸腹自天突穴至脐下阴交、气海、石门、关元，如磐折如鞠躬形，是谓含住胸，是为合住劲，要虚。""胸间松开，胸一松，全体舒畅，不可有心，亦不可无心。自华盖至石门要虚含住，不可令横气填于胸中。""胸膈横气卸到脚底，即不能，亦当卸至丹田"。也就是说在气未能贯注周身时，即使不可能下沉直达涌泉穴，也要沉入丹田。久而久之自能周身贯通。

塌腰不可弓腰，弓腰成驼背，经脉、骨骼弯曲受压，气血不通；塌腰又不可软，软则失去灵劲活动。《拳论》说："腰为上下体枢纽转关处，不可软，亦不可硬，折其上得（折其中的意思）。"塌腰时，"腰劲贵下去贵坚实。""腰以上气往上行，腰以下气往下行，似上下两夺之势，其实一气贯通，并行不悖"。

含胸塌腰同时进行，则全身骨节处处开张，丹田中的清气方可上升、畅通至百会穴，下沉之气也可顺利下沉至丹田达于涌泉。周身气由丹田起，分四路出，一气贯通。六分至心，分作两股，各三分上行左、右肩，由骨缝贯到左、右指；其余四分，化作两股，各二分下行至左、右腿，经骨缝贯至左、右足趾，以保证虚灵顶劲。

所以说，含胸塌腰非常重要，悉心掌握，全身气血才能走通走活，必须严格遵守这一基本要领。

三、松腰养气

松腰养气是指腰部放松，以养炼体内浩然之正气，此亦为演练太极拳务必遵循的基本要领。松腰养气与含胸塌腰相关联，但要领不同。塌腰指的是腰劲下塌，中气自然沉入丹田；松腰则是指腰部松活，目的在于养护、养炼正气。塌腰时，"腰劲贵下去，贵坚实"。松腰时，"腰中要虚，一虚则上下皆灵"。

《拳论》说："腰如车轴气如轮。"腰不能紧，紧则束气，全身僵直；腰部要松，肾气才能出入畅通，身体各部位正气皆可上下相通，贯注丹田，遍布周身。清气上升，浊气下降，上冲百会，下至涌泉，气随意动，处处开张，久而久之，内气自然充盈。所以说，松腰即可养气。松腰养气，能运周身之虚灵，可以促使虚实阴阳变化，足从手运，以腰为轴，圆转自如。与人交手，进退攻防，刚柔相济，松活弹抖，意到气到，足稳身固，无坚不摧。松腰先要松胯。胯为腰根，松胯才能松腰。胯松、腰松，气脉才能贯通，涌泉、丹田、百会等穴位才能一气相连。演练太极拳要十分重视松腰技巧，养成浩瀚之气，气自随功夫增长，方得太极神妙。

四、分清虚实

周身上下，四肢百骸，无处不有虚实之分，所以说练习太极拳的所有动作都必须分清虚实。动作能分清虚实，即可灵活转化，才能耐久不疲，张弛轻重，匀运转换，不致困顿。练太极拳时不仅双手要有虚实，双足要有虚实，左手和左足、右手和右足也要上下相随，在运动中分清虚实，左手实则左足虚，右手虚则右足实。一招一势，虚虚实实，遍藏玄机。

虚，不是全无力量；实，也并非全部落实、占实。只是比重各有所偏罢了。初学者，动作可以大开大合，大虚大实，根据身体条件和年龄的变化、功夫的进步程度即可选择练习中架或小架。比如二八分，转为小虚小实，变为三七、四六分等。小虚小实，由于动作幅度较小，虚实转换更为灵活。

分清虚实，但不要过偏。所谓"偏"，是指人的重心的偏心距离超出两脚内距离的中间三分之一的范围。过偏不利于转换，易遭袭击，不易灵活应敌。分清虚实，不可过实，过实则迟滞；也不可过虚，过虚则浮飘，无着无落，根基不稳。

分清虚实要注意隅手的补救办法。与人交手，偏虚偏重出隅的情况经常发生，要注意运用隅手纠正自己的偏虚偏实劣势，随机应变克敌制胜。

分清虚实，演练者自己要尽量做到外形隐蔽，心中明了。"心要虚，心虚则四体皆虚，丹田与腰劲、足底要实，三处一实则四体之虚皆实，此谓虚而实。""实中有虚，虚中有实，太极自然妙用，至结果之时，始悟其理之精妙"。"开合虚实，即为拳经"。分清虚实，深得虚实变化要领，悉心把玩，相信演练者从中会逐步理解太极真味。

五、沉肩坠肘

沉肩坠肘是在松胯屈膝、含胸塌腰束肋的同时，将两肩并松开下沉，两肘随之下塌，周身骨节放松，心气沉入丹田，清气上升，浊气下降至涌泉，全身贯通，劲达四梢。

沉肩坠肘与含胸塌腰要相互一致。只有沉肩才能坠肘，只有含胸才可塌腰，只有含胸塌腰才能沉肩坠肘。否则，无法使周身之劲合为一体，运动时上下不随，内外不合，血气不畅。

《拳论》说："打拳运动全在手领，转关全在松肩，功久则肩之骨缝自开，不能勉强，左右肩松不下则转关不灵。""胳膊如在肩上挂着一般。""两肘当沉下，不沉则肩上扬，不适于用。"讲的都是沉肩坠肘的基本要领。两肩要松下，不松下上身僵直，气脉不通，虚灵顶劲、气沉丹田无法完成。但松肩不是丢肩，丢肩则不是精神；更不可耸肩，耸肩气血不涌，中气不能通达四梢。故《拳论》说："肩塌下，不可架起来。"又说："两肩要常松下，见有泛起，即将松下；然不得已上泛，听其上泛，泛毕即松，不松则全肱转换不灵。故宜泛则泛，宜松则松。每势毕，胸向前合，两肩彼此相呼应。"成势时，沉肩坠肘，含胸塌腰，膝盖与肘尖上下相对，使外三合与内三合紧密配合，全身呼应合住劲，天长日久，功夫自成。

六、以意行气

以意行气是指气受意的指挥，在体内运行，一举一动均要用意不用力，先意动而后形动，意到气到。以意行气，用意不用拙力，是太极拳最重要的特征。正如《拳论》所说："以心行气，务令沉着，乃能收敛入骨"，"以气运身，务令顺遂，乃能便利从心"，"全身意在神，不在气，在气则滞"。

以意行气中的气，是指"内气"，并非一般所说用肺呼吸的空气。内气又称元气、正气、先天之气，从母胎中带来。演练太极拳，就是为了让内气出现并吸取空气中的清气、五谷杂粮精微之气合为一体形成浩然之气。虽然，练太极拳要"以意行气"，但初练者意与气还没有达到高度协调，必须经过以意行气，以气催形的漫长过程。达到以气催形、形气结合阶段时，也不可只想气在体内如何运行，而要把意注入动作中，否则就会神态呆滞，气不仅不能畅通，而且会造成气势散漫的错误，使意气俱蒙其害。所以《拳论》说："意在神，不在气，在气则滞。"只有这样，才能取得形神兼备、内外兼修的效果。可以说，太极拳所有训练的最终目的，都是为了使内气出现和以意运气。由于太极拳是意气运动，所以久练则精神集中，周身遍布脆劲灵劲，只要意到，便可迅速做出反应，对忽然而来的刺激，也会做出敏感、准确的相应动作，免受损害。到了这时候，就到了神明阶段，以意运气可以随心所欲。

七、上下相随

陈式太极拳劲起于脚跟，行于腿，主宰于腰，达于四指，周身必须上下相随，一气贯通。由腿而腰，由腰而臂，由臂达于手指。"发令者在心，传令者在手，观色者在目。手、眼、身法、步一齐俱到，缺一不可"。

上下相随必须注意以手为引领，而手又全在于手掌、手指，手指中的中指引领其周身运动。手到之处，足必相随，中间胸腹自然也随手足变化而运动，上下一体，一气相连，说动一齐动，说停一齐停，将顶、裆、心、眼、耳、手、足、腰八体紧密结合，不先不后，迎送相当，前后左右，上下四旁，转机灵敏，缓急相将。正可谓"击首尾动精神贯，击尾首动脉络通，当中一击首尾动，上下四旁扣如弓"。初学者动作不熟，容易顾此失彼，顾上不顾下，顾下不顾上，必须加强训练，使之协调一致。同时，还要注意分清虚实，特别是左手虚与右手实，右手虚与左手实，左脚虚与右脚实，右脚虚与左脚实，左手虚与右脚实，右手实与左脚虚等相互配合，以意运气，以气运形，练出灵劲，周身才有真正的上下相随。

八、内外相合

内外相合是指外形动作与内气运动互相一致，密切配合。

太极拳运动之所以必然要求内外相合，原因在于它是一项"意识体操"，以意运气。练拳以练意为先，意为主帅，意到气到，以气运形，身体上下、内外才高度一致。正如《拳论》所说，"内外一气流转"。陈式太极拳千变万化，虽然动作态势多端，也不外虚、实、开、合四字。演练者从头顶到足尖，内有五脏六腑、经络筋骨，外有肌肤皮肉、毛发，四肢百骸处处相连为一体，破之而不开，撞之而不散，打之而不乱，以意行气催形变。若要拉开，不但手开足开，心中意念随之也开；若要闭合，不但手合足合，心中意念也与之俱合。一招一势，凡上欲动下自随神往，凡下欲动上自领神去，凡上下动中部和神策应，凡中欲动上下辅神主之，内外相连，前后相需，虚实开合，浑然一气，则发力自然会迅猛而机灵。

内外相合的基础是上下相随。但也只有达到内外相合的阶段，上下相随才会最完美地得到表达。演练太极拳不可上下不随，更不可内外不合，舍此便使周身散乱无主。

九、招势相连

招势相连是指打一整趟太极拳不仅一动全动，周身相随，而且招势之间不丢不顶，圆转自如，一气呵成，内劲不断，滔滔不绝，浑然而成。

太极拳招势相连的原因，在于它是以意行气、以气运形的拳术运动。《拳论》说"劲断意不断，意断神可接"，最忌只用后天拙劲。拙劲貌似刚强，但因其有起有止，有断有续，旧力尽时，新力未生，最易被人乘隙而击。以意行气，用的是内气，拳路自始至终，招招势势均由意念所引，绵绵不断，循环无穷。招势相连的具体方法是：在手法遇到往复时，要嵌进折叠。如上一动将终，在下一动作之先，如下一动作要往下和往前行，那么就要先向上一折，再往后一叠，然后再接做下一拳式，这样就会呈曲线缓和运动。《拳论》说："意欲向上必先寓下，意欲向前必先寓后。"步法上遇到进退时，要嵌以转换，迈步向前或退后走弧形，均不可直进直退，要有以步随身和身随步动、留恋缱绻、似松非松、将展未展的神态。开合，收放，寓义收即是放，放即是收。招招势势，以意贯之，形断意连，劲断意不断，神气运行，源源不断。慢到方时快，快到圆时慢，极其匀称地配合着开合，如玉环的无端，看不清衔接在何处。观其拳势，如层峦叠嶂，江河奔流，自有无穷美感。与人搭手，进退攻防，不呆不滞，立于不败之地。

十、动中求静

陈式太极拳是在绝对、永久的运动中进行的，但它要克服外家拳术以跳跃为本、用尽气力去拼搏、练过之后气喘吁吁的弊端。为此，就必须在绝对的、永久的动之中求得相对、暂时的静，并于短暂的体形静态之中继续完成意念运动，调理身体内部因外部变化而带来的短暂的不协调，使自己在顷刻之间达到上下相随、内外相合，以应御外来之动，克制对方于不协调的短暂瞬间，一举制敌。所以，陈式太极拳术的动作虽各式各样、千变万化，但在绝对动的形态下进行，却又贯穿着动中有静的自然规律，是一套无与伦比的、具有无限生机的内家拳术。

陈式太极拳本着动中有静与静中有动的自然运动规律，顺其道而行，在拳路运动中自然地把动与静有机结合在一起，该动则动，该静则静，既有节奏性又有规律性，并且有变化性。演练中以慢为上，保持虽动犹静法则，动作紧密配合呼吸，将气沉于丹田，保持身体血脉经络相通，使演练者大脑神经中枢保持兴奋和抑制过程的平衡，在运动中求得安定和沉着，保证在技击之中发挥更大的作用。这也是陈式太极拳术的"以静制动"的重要准则。

陈式太极拳要求：一动无有不动，一静无有不静。这是陈式太极拳术中动中求静和以静制动的具体表现形式。即不动时如五岳之山，岿然不动；动似江泻海啸，涛浪腾空。不动时像狸猫捕鼠，以待机出击；动时如苍鹰叼兔，迅疾准狠。

　　陈式太极拳的每一招每一势，都是有起有落的。起是动的开始，落是暂时的静。在两势承接之处，似停而非停，劲似断而意未断。如此动中有静，静中有动，连绵不断，如波浪一般，徐徐变动。陈式太极拳术的内气运行，当一个动作结束时，要将内气动沉于丹田之中，而后再由丹田发出，随着已经起势的拳式进行周身运动。内气回归丹田时，是短暂的一静，再由丹田勃发而出，持续运动。演练者于静时蓄养内气，于动时气行周身。这是一个内气的转换与增生过程。在整个陈式太极拳套路运动中，演练者必须善于做内气的转换，使身体内部源源不断地产生新气，维持整个运动的需要。

　　太极拳是一静一动的有机结合，外形静时，内气欲动；内气静时，外形又发。太极拳本身就是在动中有静、静中有动的状态中持续进行的。演练者必须细心体会，领悟出动中求静之理，方可实施以静制动之法。

第二章　龙之健·尊古陈式太极拳缠丝功

第一节　缠丝功简介

在广为流传的各式太极拳中，均称云手为"母式"，视其为基本功法。有的拳家称其为"划圈"，最为准确的应该叫"缠丝"，在陈式太极拳中表现得尤为突出。

关于"云手"的名称由来，洪均生先生在《陈式太极拳实用拳法》一书考证中认为："云手"的式名是象形而来的。中国画习惯以螺旋状表示云之随风旋转，而此式两手交互旋转有似画云之笔法，故取此名。另外，舞蹈的经典动作里也有非常飘逸的"云手"组合，或许是它启发了拳术中划圈动势名称的命名。陈鑫先生在《陈氏太极拳图说》中，把一路中的三组云手称为"上、中、下"云手，演练的步法和手法也稍有变化。二路炮捶也多处出现"单云手"。显而易见，云手作为太极拳基本技术形式，虽已融化在各式拳势当中，但原型还独立存在着。文事武功，对神意的要求都是第一位的。演练者的意就是不丢不顶的太极拳意。用神意统领周身，按规矩运转，就会出现"周身无处不太极""上下相随敌难侵"的状态。既然云手是太极拳的"母式",那么云手的神意就是太极拳演练和实战的神意。

正常情况下,神意的关注有内外之别。在内为内劲的随机调节,在外为眼神的适时观照。"遵易理、合拳法、统周身"才是太极缠丝本意的"真态"。太极缠丝虽然是简单的划圈,但若不是言传身教,的确难以明了,却是太极拳习练过程中最核心的技术!一般情况下,单独操练太极缠丝,都是先从单手缠丝开始的,因为双手缠丝无非是双手的交替配合。明白了单手缠丝,自然就能举一反三,进而通晓双手缠丝的动作要领。单手缠丝和双手缠丝都有定步缠丝和活步缠丝之别,起步阶段自然以定步缠丝为基础,定步缠丝掌握后再练活步缠丝,这样可减少学习难度,易于入门。现在太极拳界的老师和习练者大多以练习定步缠丝为主,极少看到有练习活步缠丝的。活步缠丝是笔者在近三十年的实践中摸索并整理出来的,是对太极缠丝理论和实践的创新突破,在实际教学和练功过程中对习练者有很大的帮助作用。

按传统单手缠丝操练形式来分,又有正圈、反圈之别。正确的定步单手缠丝练习应该是神意专注,速度均匀,动势流畅,开合协调。划圈时,手臂三节和全身整体的合理运转是太极缠丝锻炼的真谛。以神领意,意守丹田,丹田引领全身,周身一家,一动无不动,这就是太极拳练习要求中的由内而外的正确体现。

陈鑫先生在《太极拳缠丝精论》中说:"太极拳,缠丝法也。进缠、退缠,左右缠,上下缠,里外缠,大小缠,顺逆缠。而要莫非即引即缠,即进即缠,不能各是各着。若各是各着,非阴阳互为其根也。"笔者认为,无论是正圈反圈，或者是单手缠丝双手缠丝，抑或是进步缠丝退步缠丝，又抑或是上缠丝下缠丝，这些都是从外型或方位上笼统的外在表现，但其核心技术都离不了顺逆缠丝，笔者通过近三十年的学习及教学的实践，认为只有搞清楚太极拳每个技术动作中蕴含的顺逆缠丝，才是修炼太极拳的正确方向。习拳者运手的过程，是手臂以丹田为中心的公转，但在手臂公转的同时前臂应该有自转，这就像天体运行时地球围绕太阳公转的同时自转一样，整个手掌以中指尖为意想支点，大指带动手掌外翻为顺缠丝，小指带动手掌外翻为逆缠丝。顺缠丝为阴，逆缠丝为阳；顺缠丝为柔，逆缠丝为刚；顺缠丝为化，逆缠丝为发；顺缠丝时吸气，逆缠丝时呼气。无论行拳，还是推手，都应遵循此规律。

我的几位恩师都曾说过：太极拳的正反圈（正反手缠丝练习）是研究生级别研究的课题，套路则是高中生级别研究的课题。其中寓意可见太极缠丝功的练习价值，以及在太极拳习练中的重要位置。习拳者如果不把重心放在缠丝功的研究和体悟上，则是偏离了方向，舍本求末。

太极缠丝既然是母式，当然包含拳法的攻防含义，缠丝划圈的过程，就是理想的攻防一体模式。手臂部三节和躯干部、下肢部三节的开合一体运转，就是最佳的人体攻防动态构架。只有经过持久的正确锻炼，从缠丝功训练着手，举一反三，方可达到"全身无处不太极"的状态，才能在推手和实战中，处处得机得势。

第二节 丹田缠丝

一、预备式

并步直立（图1），左脚横开步，双脚距离比肩略宽，自然站立，重心置于两腿中间。双手从体侧上举后经体前下放，双手重叠置于小腹上（男右手在下、女左手在下）。双膝微屈，虚领顶劲，沉肩坠肘，气沉丹田。呼吸自然（图2）。

图1

图2

二、由左至右丹田缠丝

意念小腹部内有一个球，即太极球，双手扶太极球滚动。随着球向左侧滚动时，重心渐移至左脚，同时在重心移动的过程中保持躯干正直，双肩水平，躯干沿垂直轴左转90°（图3）。接着太极球下沉，后向右滚动，躯干恢复朝前方向，重心移至两腿中间（图4）。随着球向右侧继续滚动时，重心渐移至右脚，同时在重心移动的过程中保持躯干正直，双肩水平，躯干沿垂直轴右转90°（图5）。接着太极球上升，后向左滚动，躯干恢复朝前方向，重心移至两腿中间（图6）。

图3

图4

图5

图6

注：重复9次。

三、由右至左丹田缠丝

太极球向右侧滚动时，重心渐移至右脚，同时在重心移动的过程中保持躯干正直，双肩水平，躯干沿垂直轴右转90°（图7）。接着太极球下沉，再向左滚动，躯干恢复朝前方向，重心移至两腿中间（图8）。随着球向左侧继续滚动时，重心渐移至左脚，同时在重心移动的过程中保持躯干正直，双肩水平，躯干沿垂直轴左转90°（图9）。接着太极球上升，再向右滚动，躯干恢复朝前方向，重心移至两腿中间（图10）。

图7　　　　　　　图8

图9　　　　　　　图10

注：重复9次。

重点提醒： 丹田缠丝功的练习，是太极球在三维空间内的综合运动，不是单一的平面运动，既有沿水平轴的左右平移，又有沿垂直轴的左右转身，同时也有身体重心的上升及下降。

在以下的各种缠丝功的练习中都应遵循此规律，无论单手缠丝还是双手缠丝，定步缠丝还是活步缠丝，究其实质都是丹田的缠丝，只不过是缠丝的半径延长至手臂和两腿而已，除因缠丝半径延长而适当减少左右转身的角度之外，其他各项要求都与丹田缠丝一致即可。这就是太极拳理论中的"由内而外"的集中体现。

第三节　单手缠丝

一、左手正圈定步单手缠丝

1. 预备式

左脚向左横开一步，两脚距离一肩半宽，右手叉腰。左手经体前向左前方45°划出，掌心朝外，手腕与肩同高，手臂在略屈肘的情况下尽量伸直，身体重心略偏左，躯干正直并左转45°，双膝微屈，虚领顶劲，沉肩坠肘，气沉丹田；目视左前方，呼吸自然（图11）。

图11

2. 由左至右的左手单手缠丝

意念小腹部的太极球向下、向右滚动,随着球向右侧滚动经体前位置收肘收手,重心经两腿中心渐移至偏右侧,躯干沿垂直轴右转90°,逐渐达朝向右前45°方向,左手置于右胯前。在左手划正圈下半圈的过程中,前臂和手掌随大指缠丝外旋至掌心朝上(即顺缠丝),左手臂呈圆弧状,同时在重心移动的过程中保持躯干正直,目视左前方,双肩水平。此过程慢慢吸气(图12)。

图12

3. 转关

丹田部位太极球继续向右小幅度滚动,重心渐偏至右脚,腰裆略下沉的同时左手上升至右肩高度,左肘下沉,掌心向上,目视左前方。屏住呼吸(图13)。

图13

注:"转关"一词来自陈鑫先生的《争走要诀》一文,原文为:"得势争来脉,出奇在转关。"本书借用"转关"一词,指两个相反的动作或招式之间的转换过渡。练习定步缠丝时因过渡清晰,所以单独阐述;练习活步缠丝同样有转关,但因身体的其他部位都要兼顾,虽有转关,却很模糊,因此就没有单独列项阐述,特此说明。

4. 由右至左的左手单手缠丝

意念小腹部的太极球向上、向左滚动,随着球向左侧滚动经体前位置时,手随腰转并划向身体左侧,重心经两腿中心渐移至偏左侧,躯干沿垂直轴左转90°,逐渐达朝向左前45°方向,左手置于左肩前,手臂在略屈肘的情况下尽量伸直,在左手划正圈上半圈的过程中,前臂和手掌随小指缠丝外旋至掌心朝外(即逆缠丝),同时在重心移动的过程中保持躯干正直,目视左前方,双肩水平。此过程慢慢呼气(图14)。

注：重复9次。

图14

二、左手正圈活步单手缠丝

1. 预备式

左脚向左横开一步，两脚距离一肩半宽，右手叉腰。左手经体前向左前方划出，掌心朝外，手腕与肩同高，手臂在略屈肘的情况下尽量伸直，身体重心略偏左，躯干正直并左转45°，双膝微屈，虚领顶劲，沉肩坠肘，气沉丹田；目视左前方，呼吸自然（图15）。

图15

2. 由左至右的左手单手缠丝

意念小腹部的太极球向下、向右滚动,随着球向右侧滚动,经体前位置收肘收手,重心经两腿中心渐移至右脚,同时左腿随重心右移时收至右腿内侧,左脚尖点地,置于右脚足弓旁,躯干沿垂直轴右转90°,逐渐达朝向右前45°方向,左手置于右胯前。在左手划正圈下半圈的过程中,前臂和手掌随大指缠丝外旋至掌心朝上(即顺缠丝),左手臂呈圆弧状,同时在重心移动的过程中保持躯干正直;目视左前方,双肩水平。此过程慢慢吸气(图16)。

图16

3. 由右至左的左手单手缠丝

意念小腹部的太极球向上、向左滚动,左脚向左开一步,两脚距离一肩半宽,随着球向左侧滚动,经体前位置时手随腰转并划向身体左侧,重心经两腿中心渐移至左脚,同时右腿随重心左移时收至左腿内侧，右脚尖点地，置于左脚足弓旁，躯干沿垂直轴左转90°，逐渐朝向左前45°方向，左手经右胯划至右肩最后置于左肩前，手臂在略屈肘的情况下尽量伸直。在左手划正圈上半圈的过程中，前臂和手掌随小指缠丝外旋至掌心朝外（即逆缠丝），同时在重心移动的过程中保持躯干正直，目视左前方，双肩水平。此过程慢慢呼气（图17）。

注：重复9次。

图17

三、右手正圈定步单手缠丝

1. 预备式

右脚向右横开一步，两脚距离一肩半宽，左手叉腰。右手经体前向右前方划出，掌心朝外，手腕与肩同高，手臂在略屈肘的情况下尽量伸直，身体重心略偏右，躯干正直并右转45°，双膝微屈，虚领顶劲，沉肩坠肘，气沉丹田；目视右前方，呼吸自然（图18）。

图18

2. 由右至左的右手单手缠丝

意念小腹部的太极球向下、向左滚动，随着球向左侧滚动，经体前位置收肘收手，重心经两腿中心渐移至偏左侧，躯干沿垂直轴左转90°，逐渐达朝向左前45°方向，右手置于左胯前。在右手划正圈下半圈的过程中，前臂和手掌随大指缠丝外旋至掌心朝上（即顺缠丝），右手臂呈圆弧状，同时在重心移动的过程中保持躯干正直，目视右前方，双肩水平。此过程慢慢吸气（图19）。

图19

3. 转关

丹田部位太极球继续向左小幅度滚动,重心渐偏至左脚,腰裆略下沉的同时右手上升至左肩高度,右肘下沉,掌心向上,目视右前方。屏住呼吸(图20)。

图20

4. 由左至右的右手单手缠丝

意念小腹部的太极球向上、向右滚动,随着球向右侧滚动,经体前位置时手随腰转并划向身体右侧,重心经两腿中心渐移至偏右,躯干沿垂直轴右转90°,逐渐达朝向右前45°方向,右手置于右肩前,手臂在略屈肘的情况下尽量伸直。在右手划正圈上半圈的过程中,前臂和手掌随小指缠丝外旋至掌心朝外(即逆缠丝),同时在重心移动的过程中保持躯干正直,目视右前方,双肩水平。此过程慢慢呼气(图21)。

图21

注：重复9次。

四、右手正圈活步单手缠丝

1. 预备式

右脚向右横开一步，两脚距离一肩半宽，左手叉腰。右手经体前向右前方划出，掌心朝外，手腕与肩同高，手臂在略屈肘的情况下尽量伸直，身体重心略偏右，躯干正直并右转45°，双膝微屈，虚领顶劲，沉肩坠肘，气沉丹田；目视右前方，呼吸自然（图22）。

图22

2. 由右至左的右手单手缠丝

意念小腹部的太极球向下、向左滚动，随着球向左侧滚动，经体前位置收肘收手，重心经两腿中心渐移至左脚，同时右腿随重心左移时收至左腿内侧，右脚尖点地，置于左脚足弓旁，躯干沿垂直轴左转90°，逐渐达朝向左前45°方向，右手置于左胯前。在右手划正圈下半圈的过程中，前臂和手掌随大指缠丝外旋至掌心朝上（即顺缠丝），右手臂呈圆弧状，同时在重心移动的过程中保持躯干正直，双肩水平，目视右前方。此过程慢慢吸气（图23）。

图23

3. 由左至右的右手单手缠丝

意念小腹部的太极球向上、向右滚动，右脚向右开一步，两脚距离一肩半宽，随着球向右侧滚动，经体前位置时手随腰转并划向身体右侧，重心经两腿中心渐移至右脚，同时左腿随重心右移时收至右腿内侧，左脚尖点地，置于右脚足弓旁，躯干沿垂直轴右转90°，逐渐达朝向右前45°方向，右手经左胯划至左肩最后置于右肩前，手臂在略屈肘的情况下尽量伸直。在右手划正圈上半圈的过程中，前臂和手掌随小指缠丝外旋至掌心朝外（即逆缠丝），同时在重心移动的过程中保持躯干正直，目视右前方，双肩水平。此过程慢慢呼气（图24）。

注：重复9次。

图24

五、左手反圈定步单手缠丝

1. 预备式

左脚向左横开一步，两脚距离一肩半宽，右手叉腰。左手经体前向左前方划出，掌心朝外，手腕与肩同高，手臂在略屈肘的情况下尽量伸直，身体重心略偏左，躯干正直并左转45°，双膝微屈，虚领顶劲，沉肩坠肘，气沉丹田；目视左前方，呼吸自然（图25）。

图25

2. 由左至右的左手单手缠丝

意念小腹部的太极球向右滚动，左手与肩保持同一高度，并随着球向右侧滚动，经体前位置收肘收手，重心经两腿中心渐移至偏右，躯干沿垂直轴右转90°，逐渐达朝向右前45°方向，左手置于右肩前。在左手划反圈上半圈的过程中，前臂和手掌随大指缠丝外旋至掌心朝上（即顺缠丝），左手臂呈圆弧状，同时在重心移动的过程中保持躯干正直，双肩水平，目视左前方。此过程慢慢吸气（图26）。

图26

3. 转关

丹田部位太极球继续向右向下滚动，重心渐偏至右脚，腰裆略下沉的同时，左手下落至右胯高度，左肘下沉，在左手下落的过程中，前臂和手掌随小指缠丝外旋至掌心朝外（即逆缠丝），目视左前方。屏住呼吸（图27）。

图27

4. 由右至左的左手单手缠丝

意念小腹部的太极球向左滚动，左手与胯保持同一高度，并随着球向左侧滚动，经体前位置时手随腰转并划向身体左侧，重心经两腿中心渐移至偏左，躯干沿垂直轴左转90°，逐渐达朝向左前45°方向，左手置于左胯前，手臂在略屈肘的情况下尽量伸直。在左手划反圈下半圈的过程中，前臂和手掌继续随小指缠丝外旋至掌心朝下（即逆缠丝），同时在重心移动的过程中保持躯干正直，双肩水平，目视左前方。此过程慢慢呼气（图28）。

注：重复9次。

图28

六、左手反圈活步单手缠丝

1. 预备式

左脚向左横开一步，两脚距离一肩半宽，右手叉腰。左手经体前向左前方划出，掌心朝外，手腕与肩同高，手臂在略屈肘的情况下尽量伸直，身体重心略偏左，躯干正直并左转45°，双膝微屈，虚领顶劲，沉肩坠肘，气沉丹田；目视左前方。呼吸自然（图29）。

图29

2. 由左至右的左手单手缠丝

意念小腹部的太极球向右滚动，左手与肩保持同一高度，并随着球向右侧滚动，经体前位置收肘收手，重心经两腿中心渐移至右脚，同时左腿随重心右移时收至右腿内侧，左脚尖点地，置于右脚足弓旁，躯干沿垂直轴右转90°，逐渐达朝向右前45°方向，左手置于右肩前。在左手划反圈上半圈的过程中，前臂和手掌随大指缠丝外旋至掌心朝上（即顺缠丝），左手臂呈圆弧状，同时在重心移动的过程中保持躯干正直，双肩水平，目视左前方。此过程慢慢吸气（图30）。

图30

3. 由右至左的左手单手缠丝

意念小腹部的太极球向左滚动，左脚向左开一步，两脚距离一肩半宽，左手与胯保持同一高度，并随着球向左侧滚动，经体前位置时，手随腰转并划向身体左侧，重心经两腿中心渐移至左脚，同时右腿随重心左移时收至左腿内侧，右脚尖点地，置于左脚足弓旁，躯干沿垂直轴左转90°，逐渐达朝向左前45°方向，左手经右肩划至右胯最后置于左胯前，手臂在略屈肘的情况下尽量伸直。在左手划反圈下半圈的过程中，前臂和手掌随小指缠丝外旋至掌心朝下（即逆缠丝），同时在重心移动的过程中保持躯干正直，双肩水平，目视左前方。此过程慢慢呼气（图31）。

注：重复9次。

图31

七、右手反圈定步单手缠丝

1. 预备式

右脚向右横开一步，两脚距离一肩半宽，左手叉腰。右手经体前向右前方划出，掌心朝外，手腕与肩同高，手臂在略屈肘的情况下尽量伸直，身体重心略偏右，躯干正直并右转45°，双膝微屈，虚领顶劲，沉肩坠肘，气沉丹田；目视右前方，呼吸自然（图32）。

图32

2. 由右至左的右手单手缠丝

意念小腹部的太极球向左滚动,右手与肩保持同一高度,并随着球向左侧滚动,经体前位置收肘收手,重心经两腿中心渐移至偏左,躯干沿垂直轴左转90°,逐渐达朝向左前45°方向,右手置于左肩前。在右手划反圈上半圈的过程中,前臂和手掌随大指缠丝外旋至掌心朝上(即顺缠丝),右手臂呈圆弧状,同时在重心移动的过程中保持躯干正直,双肩水平,目视右前方。此过程慢慢吸气(图33)。

图33

3. 转关

丹田部位太极球继续向左向下滚动,重心渐偏至左脚,腰裆略下沉的同时右手下落至左胯高度,右肘下沉,在右手下落的过程中,前臂和手掌随小指缠丝外旋至掌心朝外(即逆缠丝),目视右前方。屏住呼吸(图34)。

图34

4. 由左至右的右手单手缠丝

意念小腹部的太极球向右滚动，右手与胯保持同一高度，并随着球向右侧滚动，经体前位置时手随腰转，并划向身体右侧，重心经两腿中心渐移至偏右，躯干沿垂直轴右转90°，逐渐达朝向右前45°方向，右手置于右胯前，手臂在略屈肘的情况下尽量伸直。在右手划反圈下半圈的过程中，前臂和手掌继续随小指缠丝外旋至掌心朝下（即逆缠丝），同时在重心移动的过程中保持躯干正直，双肩水平，目视右前方。此过程慢慢呼气（图35）。

注：重复9次。

图35

八、右手反圈活步单手缠丝

1. 预备式

右脚向右横开一步,两脚距离一肩半宽,左手叉腰。右手经体前向右前方划出,掌心朝外,手腕与肩同高,手臂在略屈肘的情况下尽量伸直,身体重心略偏右,躯干正直并右转45°,双膝微屈,虚领顶劲,沉肩坠肘,气沉丹田;目视右前方,呼吸自然(图36)。

图36

2. 由右至左的右手单手缠丝

意念小腹部的太极球向左滚动,右手与肩保持同一高度,并随着球向左侧滚动,经体前位置收肘收手,重心经两腿中心渐移至左脚,同时右腿随重心左移时收至左腿内侧,右脚尖点地,置于左脚足弓旁,躯干沿垂直轴左转90°,逐渐达朝向左前45°方向,右手置于左肩前。在右手划反圈上半圈的过程中,前臂和手掌随大指缠丝外旋至掌心朝上（即顺缠丝），右手臂呈圆弧状，同时在重心移动的过程中保持躯干正直，双肩水平，目视右前方。此过程慢慢吸气（图37）。

图37

3. 由左至右的右手单手缠丝

意念小腹部的太极球向右滚动，右脚向右开一步，两脚距离一肩半宽，右手与胯保持同一高度，随着球向右侧滚动，经体前位置时手随腰转划向身体右侧，重心经两腿中心渐移至右脚，同时左腿随重心右移时收至右腿内侧，左脚尖点地，置于右脚足弓旁，躯干沿垂直轴右转90°，逐渐达朝向右前45°方向，右手经左肩划至左胯最后置于右胯前，手臂在略屈肘的情况下尽量伸直。在右手划反圈下半圈的过程中，前臂和手掌随小指缠丝外旋至掌心朝下（即逆缠丝），同时在重心移动的过程中保持躯干正直，双肩水平，目视右前方。此过程慢慢呼气（图38）。

图38

注：重复9次。

第四节　双手缠丝

一、双手正圈定步左侧双手缠丝

1. 预备式

左脚向左横开一步，两脚距离一肩半宽。左手经体前向左前方划出，掌心朝外，手腕与肩同高，手臂在略屈肘的情况下尽量伸直，身体重心略偏左，躯干正直并左转45°；右手置于小腹前，掌心斜朝上，双膝微屈，虚领顶劲，沉肩坠肘，气沉丹田；目视左前方，呼吸自然（图39）。

图39

2. 由左至右的双手缠丝

意念小腹部的太极球向下、向右滚动，左手随着丹田滚动的同时划正圈下半圈，左前臂和手掌随大指缠丝外旋至掌心朝上（即顺缠丝），左手臂呈圆弧状，边下落边收肘收手，并随大指带动手掌外旋，顺缠丝经小腹前位置运至右胯旁，掌心朝上；同时右手划正圈上半圈，右前臂和手掌随小指缠丝外旋至掌心朝外（即逆缠丝），右手经左胯旁上升至左肩高度，接着随小指带动手掌外旋，逆缠丝运至右肩右前方45°，掌心朝外；重心经两腿中心渐移至偏右，躯干沿垂直轴右转90°，逐渐达朝向右前45°方向；在重心移动的过程中保持躯干正直，双肩水平；目视左前方。此过程慢慢吸气（图40）。

图40

3. 转关

丹田部位太极球继续向左、向下小幅度滚动，重心渐偏至右脚，腰裆略下沉的同时右膝略内扣，左手上升至右肩高度，左肘下沉，左手掌心斜朝上，右手下降至右胯右侧，右手掌心斜朝下；目视左前方。屏住呼吸（图41）。

图41

4. 由右至左的双手缠丝

意念小腹部的太极球向上、向左滚动，左手随着丹田滚动的同时划正圈上半圈，左前臂和手掌随小指缠丝外旋至掌心朝外（即逆缠丝），左手运至左肩左前方45°，手腕与肩同高；同时右手划正圈下半圈，经右胯旁运至左胯左侧，右前臂和手掌随大指缠丝外旋至掌心斜向上方位（即顺缠丝）；重心经两腿中心渐移至偏左，躯干沿垂直轴左转90°，逐渐达朝向左前45°方向；同时在重心移动的过程中保持躯干正直，双肩水平，目视左前方。此过程慢慢呼气（图42）。

图42

注：重复9次。

二、双手正圈活步左侧双手缠丝

1. 预备式

左脚向左横开一步,两脚距离一肩半宽。左手经体前向左前方划出,掌心朝外,手腕与肩同高,手臂在略屈肘的情况下尽量伸直,身体重心略偏左,躯干正直并左转45°;右手置于小腹前,掌心斜朝上,双膝微屈,虚领顶劲,沉肩坠肘,气沉丹田;目视左前方,呼吸自然(图43)。

图43

2. 由左至右的双手缠丝

意念小腹部的太极球向下、向右滚动,左手随着丹田滚动的同时划正圈下半圈,左前臂和手掌随大指缠丝外旋至掌心朝上(即顺缠丝),左手臂呈圆弧状,边下落边收肘收手,并随大指带动手掌外旋,顺缠丝经小腹前位置运至右胯旁,掌心朝上;

同时右手划正圈上半圈，右前臂和手掌随小指缠丝外旋至掌心朝外（即逆缠丝），右手经左胯旁上升至左肩高度，接着随小指带动手掌外旋，逆缠丝运至右肩右前方45°，掌心朝外；同时左腿随重心右移时收至右腿内侧，左脚尖点地，置于右脚足弓旁，躯干沿垂直轴右转90°，逐渐达朝向右前45°方向；在重心移动的过程中保持躯干正直，双肩水平；目视左前方。此过程慢慢吸气（图44）。

图44

3. 由右至左的双手缠丝

意念小腹部的太极球向上、向左滚动，左手随着丹田滚动的同时划正圈上半圈，左前臂和手掌随小指缠丝外旋至掌心朝外（即逆缠丝），左手经右胯划至右肩最后置于左肩左前方45°外侧，手腕与肩同高；同时右手划正圈下半圈，经右胯旁运至左胯左侧，右前臂和手掌随大指缠丝外旋至掌心斜向上方位（即顺缠丝）；随太极球的滚动左脚向左横开一步，右腿随重心左移时收至左腿内侧，右脚尖点地，置于左脚足弓旁，重心经两腿中心渐移至偏左，躯干沿垂直轴左转90°，逐渐达朝向左前45°方向；在重心移动的过程中保持躯干正直，双肩水平；目视左前方。此过程慢慢呼气（图45）。

注：重复9次。

图45

三、双手正圈定步右侧双手缠丝

1. 预备式

右脚向右横开一步，两脚距离一肩半宽。右手经体前向右前方划出，掌心朝外，手腕与肩同高，手臂在略屈肘的情况下尽量伸直，身体重心略偏右，躯干正直并右转45°；左手置于小腹前，掌心斜朝上，双膝微屈，虚领顶劲，沉肩坠肘，气沉丹田；目视右前方，呼吸自然（图46）。

图46

2. 由右至左的双手缠丝

意念小腹部的太极球向下、向左滚动，右手随着丹田滚动的同时划正圈下半圈，右前臂和手掌随大指缠丝外旋至掌心朝上（即顺缠丝），右手臂呈圆弧状，边下落边收肘收手，并随大指带动手掌外旋，顺缠丝经小腹前位置运至左胯旁掌心朝上；同时左手划正圈上半圈，左前臂和手掌随小指缠丝外旋至掌心朝外（即逆缠丝），左手经右胯旁上升至右肩高度，接着随小指带动手掌外旋，逆缠丝运至左肩左前方45°，掌心朝外；重心经两腿中心渐移至偏左，躯干沿垂直轴左转90°，逐渐达朝向左前45°方向；右手置于左胯前，左手置于左肩左前方，在重心移动的过程中保持躯干正直，双肩水平；目视右前方。此过程慢慢吸气（图47）。

图47

3. 转关

丹田部位太极球继续向右、向下小幅度滚动，重心渐偏至左脚，腰裆略下沉的同时，左膝略内扣，右手上升至左肩高度，右肘下沉，右手掌心斜朝上，左手下降至左胯左侧，左手掌心斜朝下；目视右前方。屏住呼吸（图48）。

图48

4. 由左至右的双手缠丝

意念小腹部的太极球向上、向右滚动，右手随着丹田滚动的同时划正圈上半圈，右前臂和手掌随小指缠丝外旋至掌心朝外（即逆缠丝），右手运至右肩右45°外侧，手腕与肩同高；同时左手划正圈下半圈，经左胯旁运至右胯右侧，左前臂和手掌随大指缠丝外旋至掌心斜向上方位（即顺缠丝）；重心经两腿中心渐移至偏右，躯干沿垂直轴右转90°，逐渐达朝向右前45°方向；在重心移动的过程中保持躯干正直，双肩水平；目视右前方。此过程慢慢呼气（图49）。

图49

注：重复9次。

四、双手正圈活步右侧双手缠丝

1. 预备式

右脚向右横开一步,两脚距离一肩半宽。右手经体前向右前方划出,掌心朝外,手腕与肩同高,手臂在略屈肘的情况下尽量伸直,身体重心略偏右,躯干正直并右转45°;左手置于小腹前,掌心斜朝上,双膝微屈,虚领顶劲,沉肩坠肘,气沉丹田。目视右前方,呼吸自然(图50)。

图50

2. 由右至左的双手缠丝

意念小腹部的太极球向下、向左滚动,右手随着丹田滚动的同时划正圈下半圈,右前臂和手掌随大指缠丝外旋至掌心朝上(即顺缠丝),右手臂呈圆弧状,边下落边收肘收手,随大指带动手掌外旋,顺缠丝经小腹前位置运至左胯旁掌心朝上;左手划正圈上半圈，左前臂和手掌随小指缠丝外旋至掌心朝外（即逆缠丝），左手经右胯旁上升至右肩高度，接着随小指带动手掌外旋，逆缠丝运至左肩左前方45°，掌心朝外；同时右腿随重心左移时收至左腿内侧，右脚尖点地，置于左脚足弓旁，躯干沿垂直轴左转90°，逐渐达朝向左前45°方向；在重心移动的过程中保持躯干正直，双肩水平；目视右前方。此过程慢慢吸气（图51）。

图51

3. 由左至右的双手缠丝

意念小腹部的太极球向上、向右滚动，右手随着丹田滚动的同时划正圈上半圈，右前臂和手掌随小指缠丝外旋至掌心朝外（即逆缠丝），右手经左胯划至左肩，最后置于右肩右45°外侧，手腕与肩同高；左手划正圈下半圈，经左胯旁运至右胯右侧，左前臂和手掌随大指缠丝外旋至掌心斜向上方位（即顺缠丝）；随太极球的滚动右脚向右横开一步，左腿随重心右移时收至右腿内侧，左脚尖点地，置于右脚足弓旁，重心经两腿中心渐移至偏右，躯干沿垂直轴右转90°，逐渐达朝向右前45°方向；在重心移动的过程中保持躯干正直，双肩水平；目视右前方。此过程慢慢呼气（图52）。

图52

注：重复9次。

五、左手反圈右手正圈定步双手缠丝

1. 预备式

左脚向左横开一步，两脚距离一肩半宽。左手经体前向左前方划出，掌心朝外，手腕与肩同高，手臂在略屈肘的情况下尽量伸直，身体重心略偏左，躯干正直并左转45°；右手置于小腹前，掌心斜朝上，双膝微屈，虚领顶劲，沉肩坠肘，气沉丹田；目视左前方，呼吸自然（图53）。

图53

2. 由左至右的双手缠丝

意念小腹部的太极球向上、向右滚动，左手随着丹田滚动的同时划反圈的上半圈，左前臂和手掌随大指缠丝外旋至掌心朝上（即顺缠丝），左手臂呈圆弧状，边收肘收手，并随大指带动手掌外旋，顺缠丝经左肩前位置运至面部正前方，掌心朝上，手腕与下颌同高，距离下颌15厘米左右；同时右手划正圈上半圈，右前臂和手掌随小指缠丝外旋至掌心朝外（即逆缠丝），右手经左胯旁上升至左肩高度，接着随小指带动手掌外旋，逆缠丝运至右肩右前方45°，掌心朝外；重心经两腿中心渐移至偏右，躯干沿垂直轴右转90°，逐渐达朝向右前45°方向；在重心移动的过程中保持躯干正直，双肩水平；目视左前方。此过程慢慢吸气（图54）。

图54

3. 转关

丹田部位太极球继续向右、向下小幅度滚动，重心渐偏至右脚，腰裆略下沉的同时右膝略内扣，左手下落至小腹前，左肘下沉，左手掌心斜朝下，右手下降至右胯右侧，右手掌心斜朝外；目视左前方。屏住呼吸（图55）。

图55

4. 由右至左的双手缠丝

意念小腹部的太极球向下、向左滚动，左手随着丹田滚动的同时划反圈的下半圈，左前臂和手掌随小指缠丝外旋至掌心朝外、朝下（即逆缠丝），左手经小腹前运至左胯左45°外侧，手腕与胯同高；同时右手划正圈的下半圈，经右胯旁运至小腹前，右前臂和手掌随大指缠丝外旋至掌心斜向上方位（即顺缠丝）；重心经两腿中心渐移至偏左，躯干沿垂直轴左转90°，逐渐达朝向左前45°方向；在重心移动的过程中保持躯干正直，双肩水平；目视左前方。此过程慢慢呼气（图56）。

图56

注：重复9次。

六、左手反圈右手正圈活步双手缠丝

1. 预备式

左脚向左横开一步，两脚距离一肩半宽。左手经体前向左前方划出，掌心朝外，手腕与肩同高，手臂在略屈肘的情况下尽量伸直，身体重心略偏左，躯干正直并左转45°；右手置于小腹前，掌心斜朝上，双膝微屈，虚领顶劲，沉肩坠肘，气沉丹田；目视左前方，呼吸自然（图57）。

图57

2. 由左至右的双手缠丝

意念小腹部的太极球向上、向右滚动，左手随着丹田滚动的同时划反圈的上半圈，左前臂和手掌随大指缠丝外旋至掌心朝上（即顺缠丝），左手臂呈圆弧状，边收肘收手，并随大指带动手掌外旋，顺缠丝经左肩前位置运至面部正前方，掌心朝上，手腕与下颌同高，距离下颌15厘米左右；同时右手划正圈的上半圈，右前臂和手掌随小指缠丝外旋至掌心朝外（即逆缠丝），右手经左胯旁上升至左肩高度，接着随小指带动手掌外旋，逆缠丝运至右肩右前方45°，掌心朝外；左腿随重心右移时收至右腿内侧，左脚尖点地，置于右脚足弓旁，躯干沿垂直轴右转90°，逐渐达朝向右前45°方向；在重心移动的过程中保持躯干正直，双肩水平；目视左前方。此过程慢慢吸气（图58）。

图58

3. 由右至左的双手缠丝

意念小腹部的太极球向上、向左滚动，左手随着丹田滚动的同时划反圈的下半圈，左前臂和手掌随小指缠丝外旋至掌心朝外朝下（即逆缠丝），左手经小腹前运至左胯左45°外侧，手腕与胯同高；同时右手划正圈的下半圈，经右胯旁运至小腹前，右前臂和手掌随大指缠丝外旋至掌心斜向上方位（即顺缠丝）；

随太极球的滚动左脚向左横开一步,右脚随重心左移时收至左脚内侧,右脚尖点地,置于左脚足弓旁,重心经两腿中心渐移至偏左,躯干沿垂直轴左转90°,逐渐达朝向左前45°方向;在重心移动的过程中保持躯干正直,双肩水平;目视左前方。此过程慢慢呼气(图59)。

注:重复9次。

图59

七、右手反圈左手正圈定步双手缠丝

1. 预备式

右脚向右横开一步,两脚距离一肩半宽。右手经体前向右前方划出,掌心朝外,手腕与肩同高,手臂在略屈肘的情况下尽量伸直,身体重心略偏右,躯干正直并右转45°;左手置于小腹前,掌心斜朝上,双膝微屈,虚领顶劲,沉肩坠肘,气沉丹田;目视右前方。呼吸自然(图60)。

图60

2. 由右至左的双手缠丝

意念小腹部的太极球向上、向左滚动，右手随着丹田滚动的同时划反圈的上半圈，右前臂和手掌随大指缠丝外旋至掌心朝上（即顺缠丝），右手臂呈圆弧状，边收肘收手，并随大指带动手掌外旋，顺缠丝经右肩前位置运至面部正前方，掌心朝上，手腕与下颌同高，距离下颌15厘米左右；同时左手划正圈上半圈，左前臂和手掌随小指缠丝外旋至掌心朝外（即逆缠丝），左手经右胯旁上升至右肩高度，接着随小指带动手掌外旋，逆缠丝运至左肩左前方45°，掌心朝外；重心经两腿中心渐移至偏左，躯干沿垂直轴左转90°，逐渐达朝向左前45°方向，在重心移动的过程中保持躯干正直，双肩水平；目视右前方。此过程慢慢吸气（图61）。

图61

3. 转关

丹田部位太极球继续向左、向下小幅度滚动，重心渐偏至左脚，腰裆略下沉的同时，左膝略内扣，右手下落至小腹前，右肘下沉，右手掌心斜朝下，左手下降至左胯左侧，左手掌心斜朝外；目视右前方。屏住呼吸（图62）。

图62

4. 由左至右的双手缠丝

意念小腹部的太极球向下、向右滚动，右手随着丹田滚动的同时划反圈的下半圈，右前臂和手掌随小指缠丝外旋至掌心朝外朝下（即逆缠丝），右手经小腹前运至右胯右45°外侧，手腕与胯同高；左手划正圈的下半圈，经左胯旁运至小腹前，左前臂和手掌随大指缠丝外旋至掌心斜向上方位（即顺缠丝）；重心经两腿中心渐移至偏右，躯干沿垂直轴右转90°，逐渐达朝向右前45°方向，在重心移动的过程中保持躯干正直，双肩水平；目视右前方。此过程慢慢呼气（图63）。

图63

注：重复9次。

八、右手反圈左手正圈活步双手缠丝

1. 预备式

右脚向右横开一步,两脚距离一肩半宽。右手经体前向右前方划出,掌心朝外,手腕与肩同高,手臂在略屈肘的情况下尽量伸直,身体重心略偏右,躯干正直并右转45°;左手置于小腹前,掌心斜朝上,双膝微屈,虚领顶劲,沉肩坠肘,气沉丹田;目视右前方。呼吸自然(图64)。

图64

2. 由右至左的双手缠丝

意念小腹部的太极球向上、向左滚动,右手随着丹田滚动的同时划反圈的上半圈,右前臂和手掌随大指缠丝外旋至掌心朝上(即顺缠丝),右手臂呈圆弧状,边收肘收手,随大指带动手掌外旋,顺缠丝经右肩前位置运至面部正前方,掌心朝上,手腕与下颌同高，距离下颌15厘米左右；同时左手划正圈的上半圈，左前臂和手掌随小指缠丝外旋至掌心朝外（即逆缠丝），左手经右胯旁上升至右肩高度，接着随小指带动手掌外旋，逆缠丝运至左肩左前方45°，掌心朝外；右腿随重心左移时收至左腿内侧，右脚尖点地，置于左脚足弓旁，躯干沿垂直轴左转90°，逐渐达朝向左前45°方向，在重心移动的过程中保持躯干正直，双肩水平；目视右前方。此过程慢慢吸气（图65）。

图65

3. 由左至右的双手缠丝

意念小腹部的太极球向上、向右滚动，右手随着丹田滚动的同时划反圈的下半圈，右前臂和手掌随小指缠丝外旋至掌心朝外朝下（即逆缠丝），右手经小腹前运至右胯右45°外侧，手腕与胯同高；同时左手划正圈的下半圈，经左胯旁运至小腹前，左前臂和手掌随大指缠丝外旋至掌心斜向上方位（即顺缠丝）；随太极球的滚动右脚向右横开一步，左脚随重心右移时收至右脚内侧，左脚尖点地，置于右脚足弓旁，重心经两腿中心渐移至偏右，躯干沿垂直轴右转90°，逐渐达朝向右前45°方向，在重心移动的过程中保持躯干正直，双肩水平；目视右前方。此过程慢慢呼气（图66）。

注：重复9次。

图66

九、双手反圈定步双手缠丝

1. 预备式

左脚向左横开一步，两脚距离一肩半宽。左手经体前向左前方划出，掌心朝外，手腕与肩同高，手臂在略屈肘的情况下尽量伸直，身体重心略偏左，躯干正直并左转45°；右手置于小腹前，掌心斜朝上，双膝微屈，虚领顶劲，沉肩坠肘，气沉丹田；目视前方。呼吸自然（图67）。

图67

2. 由左至右的双手缠丝

意念小腹部的太极球向右滚动，左手随着丹田滚动的同时划反圈的上半圈，左前臂和手掌随大指缠丝外旋至掌心朝上（即顺缠丝），左手臂呈圆弧状，边收肘收手，随大指带动手掌外旋，顺缠丝经左肩前位置运至面部正前方，掌心朝上，手腕与下颌同高，距离下颌15厘米左右；同时右手划反圈的下半圈，右前臂和手掌随小指缠丝外旋至掌心朝下（即逆缠丝），右手经小腹前运至右胯右45°外侧，手腕与胯同高；重心经两腿中心渐移至偏右，躯干沿垂直轴右转90°，逐渐达朝向右前45°方向，在重心移动的过程中保持躯干正直双肩水平；目视前方。此过程慢慢吸气（图68）。

图68

3. 由右至左的双手缠丝

意念小腹部的太极球向左滚动，左手随着丹田滚动的同时划反圈的下半圈，左前臂和手掌随小指缠丝外旋至掌心朝外（即逆缠丝），左手经右肩运至小腹，再运至左胯左侧45°外侧，手腕与胯同高；同时右手划反圈的上半圈，右前臂和手掌随大指缠丝外旋至掌心向上方位（即顺缠丝），右手臂呈圆弧状，边收肘收手，随大指带动手掌外旋，顺缠丝经右肩前位置运至面部正前方，掌心朝上，手腕与下颌同高，距离下颌15厘米左右；重心经两腿中心渐移至偏左，躯干沿垂直轴左转90°，逐渐达朝向左前45°方向，在重心移动的过程中保持躯干正直，双肩水平；目视前方。此过程慢慢呼气（图69）。

注：重复9次。

图69

十、双手反圈活步双手缠丝

1. 预备式

左脚向左横开一步，两脚距离一肩半宽。左手经体前向左前方划出，掌心朝外，手腕与肩同高，手臂在略屈肘的情况下尽量伸直，身体重心略偏左，躯干正直并左转45°；右手置于小腹前，掌心斜朝上，双膝微屈，虚领顶劲，沉肩坠肘，气沉丹田；目视前方。呼吸自然（图70）。

图70

2. 由左至右的双手缠丝

意念小腹部的太极球向右滚动，左手随着丹田滚动的同时划反圈的上半圈，左前臂和手掌随大指缠丝外旋至掌心朝上（即顺缠丝），左手臂呈圆弧状，边收肘收手，随大指带动手掌外旋，顺缠丝经左肩前位置运至面部正前方，掌心朝上，手腕与下颌同高，距离下颌15厘米左右；同时右手划反圈的下半圈，右前臂和手掌随小指缠丝外旋至掌心朝下（即逆缠丝），右手经小腹前运至右胯右45°外侧，手腕与胯同高；左腿随重心右移时收至右腿内侧，左脚尖点地，置于右脚足弓旁，躯干沿垂直轴右转90°，逐渐达朝向右前45°方向，在重心移动的过程中保持躯干正直，双肩水平；目视前方。此过程慢慢吸气（图71）。

图71

3. 由右至左的双手缠丝

意念小腹部的太极球向左滚动，左手随着丹田滚动的同时划反圈的下半圈，左前臂和手掌随小指缠丝外旋至掌心朝外（即逆缠丝），左手经右肩运至小腹，再运至左胯左侧45°外侧，手腕与胯同高；同时右手划反圈的上半圈，右前臂和手掌随大指缠丝外旋至掌心向上方位（即顺缠丝），右手臂呈圆弧状，边收肘收手，随大指带动手掌外旋，顺缠丝经右肩前位置运至面部正前方，掌心朝上，手腕与下颌同高，距离下颌15厘米左右；随太极球的滚动左脚向左横开一步，右脚随重心左移时收至左脚内侧，右脚尖点地，置于左脚足弓旁，重心经两腿中心渐移至偏左，躯干沿垂直轴左转90°，逐渐达朝向左前45°方向，在重心移动的过程中保持躯干正直，双肩水平；目视前方。此过程慢慢呼气（图72）。

图72

注：重复9次。

十一、双拳反圈定步双手缠丝

1. 预备式

左脚向左横开一步,两脚距离一肩半宽。左拳经体前向左前方划出,拳心朝上,手腕与肩同高,手臂在略屈肘的情况下尽量伸直,身体重心略偏左,躯干正直并左转45°;右拳置于小腹前,拳心朝下,双膝微屈,虚领顶劲,沉肩坠肘,气沉丹田;目视正前方。呼吸自然(图73)。

图73

2. 由左至右的双拳缠丝

意念小腹部的太极球向右滚动,左拳随着丹田滚动的同时划反圈的上半圈,缠丝外旋至拳心朝上(即顺缠丝),左手臂呈圆弧状,边收肘收拳外旋,顺缠丝经左肩前位置运至面部正前方,拳心朝上,手腕与下颌同高,距离下颌15厘米左右;同时右拳划反圈的下半圈，缠丝外旋至拳心朝下（即逆缠丝），经小腹前运至右胯右45°外侧，手腕与胯同高；重心经两腿中心渐移至偏右，躯干沿垂直轴右转90°，逐渐达朝向右前45°方向，在重心移动的过程中保持躯干正直，双肩水平；目视前方。此过程慢慢吸气（图74）。

图74

3. 由右至左的双拳缠丝

意念小腹部的太极球向左滚动，左拳随着丹田滚动的同时划反圈的下半圈，缠丝外旋至拳心朝下（即逆缠丝），经右肩运至小腹再运至左胯左侧45°外侧，手腕与胯同高；同时右拳划反圈的上半圈，缠丝外旋至拳心向上方位（即顺缠丝），右手臂呈圆弧状，边收肘收拳外旋，顺缠丝经右肩前位置运至面部正前方，拳心朝上，手腕与下颌同高，距离下颌15厘米左右；重心经两腿中心渐移至偏左，躯干沿垂直轴左转90°，逐渐达朝向左前45°方向，在重心移动的过程中保持躯干正直，双肩水平；目视前方。此过程慢慢呼气（图75）。

注：重复9次。

图75

十二、双拳反圈活步双手缠丝

1. 预备式

左脚向左横开一步，两脚距离一肩半宽。左拳经体前向左前方划出，拳心朝上，手腕与肩同高，手臂在略屈肘的情况下尽量伸直，身体重心略偏左，躯干正直并左转45°；右拳置于小腹前，拳心朝下，双膝微屈，虚领顶劲，沉肩坠肘，气沉丹田；目视前方。呼吸自然（图76）。

图76

2. 由左至右的双拳缠丝

意念小腹部的太极球向右滚动，左拳随着丹田滚动的同时划反圈的上半圈，缠丝外旋至拳心朝上（即顺缠丝），左手臂呈圆弧状，边收肘收拳外旋，顺缠丝经左肩前位置运至面部正前方，拳心朝上，手腕与下颌同高，距离下颌15厘米左右；同时右拳划反圈的下半圈，右拳缠丝外旋至拳心朝下（即逆缠丝），右拳经小腹前运至右胯右45°外侧，手腕与胯同高；左脚随重心右移时收至右脚内侧，左脚尖点地，置于右脚足弓旁，躯干沿垂直轴右转90°，逐渐达朝向右前45°方向，在重心移动的过程中保持躯干正直，双肩水平；目视前方。此过程慢慢吸气（图77）。

图77

3. 由右至左的双拳缠丝

意念小腹部的太极球向左滚动，左拳随着丹田滚动的同时划反圈的下半圈，缠丝外旋至拳心朝下（即逆缠丝），经右肩运至小腹，再运至左胯左侧45°外侧，手腕与胯同高；同时右拳划反圈的上半圈，右拳缠丝外旋至拳心向上方位（即顺缠丝），右手臂呈圆弧状，边收肘收拳外旋，顺缠丝经右肩前位置运至面部正前方，拳心朝上，手腕与下颌同高，距离下颌15厘米左右；随太极球的滚动左脚向左横开一步，右脚随重心左移时收至左脚内侧，右脚尖点地，置于左脚足弓旁，重心经两腿中心渐移至偏左，躯干沿垂直轴左转90°，逐渐达朝向左前45°方向，在重心移动的过程中保持躯干正直，双肩水平；目视前方。此过程慢慢呼气（图78）。

图78

注：重复9次。

缠丝功法完整演示

第三章 太极拳经典理论

一、太极拳论

王宗岳

太极者，无极而生，动静之机，阴阳之母也。动之则分，静之则合。无过不及，随曲就伸。人刚我柔谓之"走"，我顺人背谓之"粘"。动急则急应，动缓则缓随。虽变化万端，而理唯一贯。由招熟而渐悟懂劲，由懂劲而阶及神明。然非用力日久，不能豁然贯通焉。

虚领顶劲，气沉丹田。不偏不倚，忽隐忽现。左重则左虚，右重则右杳。仰之则弥高，俯之则弥深，进之则愈长，退之则愈促。一羽不能加，蝇虫不能落，人不知我，我独知人。英雄所向无敌，盖皆由此而及也。

斯技旁门甚多，虽势有区别，概不外壮欺弱、慢让快耳！有力打无力，手慢让手快，是皆先天自然之能，非关学力而有为也！察"四两拨千斤"之句，显非力胜；观耄耋能御众之形，快何能为？

立如平准，活似车轮，偏沉则随，双重则滞。每见数年纯功不能运化者，率皆自为人制，双重之病未悟耳！欲避此病，须知阴阳：粘即是走，走即是粘；阴不离阳，阳不离阴；阴阳相济，方为懂劲。懂劲后愈练愈精，默识揣摩，渐至从心所欲。本是"舍己从人"，多误"舍近求远"。所谓"差之毫厘，谬之千里",学者不可不详辨焉!

是为论。

二、太极拳十大要论

陈长兴

(一)理

夫物散必有统,分必有合。天地间四面八方,纷纷者各有所属;千头万绪,攘攘者自有其源。盖一本可散为万殊,而万殊咸归于一本。拳术之学,亦不外此公例。

夫太极拳者,千变万化,无往非劲,势虽不侔,而劲归于一。夫所谓一者,自顶至足,内有脏俯筋骨,外有肌肤皮肉,四肢百骸相联而为一者也。破之而不开,撞之而不散。上欲动而下自随之,下欲动而上自领之;上下动而中部应之,中部动而上下和之。内外相连,前后相需。所谓一以贯之者,其斯之谓欤!

而要非勉强以致之袭焉!而为之也,当时而动,如龙如虎,出乎尔而急如电闪;当时而静,寂然湛然,居其所而稳如山岳。且静无不静,表里上下全无参差牵挂之意;动无不动,前后左右均无游疑抽扯之形。洵乎若水之就下,沛然莫能御之也。若火机之内攻,发之而不及掩耳。不暇思索,不烦拟议,诚不期然而已然。

盖劲以积日而有益,功以久练而后成。观圣门一贯之学,必俟多闻强识,格物致知,方能有功。是知事无难易,功唯自进,不可躐等,不可急就;按步就序,循次渐进,夫而后百骸筋节自相贯通,上下表里不难联络,庶乎散者统之,分者合之,四肢百骸总归于一气矣。

（二）气

天地间，未有一往而不返者，亦未尝有直而无曲者矣。盖物有对峙，势有回还，古今不易之理也。故尝有世之论捶者而兼论气者矣！

夫主于一，何分为二？所谓二者，即呼吸也。呼吸，即阴阳也。捶不能无动静，气不能无呼吸。呼则为阳，吸则为阴；上升为阳，下降为阴；阳气上升而为阳，阳气下行而为阴；阴气上升即为阳，阴气下行仍为阴。此阴阳之所以分也。

何谓清浊？升而上者为清，降而下者为浊。清者为阳，浊者为阴。然分而言之为阴阳，浑而言之统为气。气不能无阴阳，即所谓人不能无动静，鼻不能无呼吸，口不能无出入，而所以为对峙、回还之理也。然则气分为二，而贯于一。有志于是途者，甚勿以是为拘拘焉耳！

（三）三节

夫气本诸身，而身节部甚繁，若逐节论之，则有远乎拳术之宗旨；唯分为三节而论，可谓得其截法。

三节，上、中、下，或根、中、梢也。

以一身言之，头为上节，胸为中节，腿为下节。

以头面言之，额为上节，鼻为中节，口为下节。

以中身言之，胸为上节，腹为中节，丹田为下节。

以腿言之，胯为根节，膝为中节，足为梢节。

以臂言之，膊为根节，肘为中节，手为梢节。

以手言之，腕为根节，掌为中节，指为梢节。

观于此，而足不必论矣！然则自顶至足，莫不各有三节也。要之，即莫非三节之所，即莫非着意之处。盖上节不明，无依无宗；中节不明，满腔是空；下节不明，颠覆必生。由此观之，身三节部，岂可忽也！

至于气之发动，要从梢节起，中节随，根节催之而已。此固分而言之，若合而言之，则上自头顶，下至足底，四肢百骸，总为一节，夫何为三节之有哉！又何三节中之各有三节云乎哉！

（四）四梢

试于论身之外，而进论四梢。夫四梢者，身之余绪也。言身者初不及此，言气者亦所罕闻。然捶以由内而发外，气本诸身而发梢。气之为用，不本诸身则虚而不实，不行于梢则实而仍虚。梢亦可弗讲乎？若手、指、足，特论身之梢耳，而未及梢之梢也！

四梢惟何？发其一也。夫发之所系，不列于五行，无关于四体，是无足论矣！然发为血之梢，血为气之海。纵不本诸发，而论气，要不可离乎血以生气；不离乎血，即不得不兼乎发。发欲冲冠，血梢足矣！

抑舌为肉之梢，而肉为气之囊。气不能行诸肉之梢，即气无以充其气之量。故必舌欲催齿，而肉梢足矣！

至于骨梢者，齿也。筋梢者，指甲也。气生于骨而联于筋，不及乎齿，即不及乎骨之梢；不及乎指甲，即不及乎筋之梢。而欲足尔者，要非齿欲断筋、甲欲透骨不能也！果能如此，则四梢足矣！

四梢足，而气自足矣！岂复有虚而不实、实而仍虚之弊乎！

（五）五脏

夫捶以言势，势以言气。人得五脏以成形，即由五脏而生气。五脏实为性命之源，生气之本，而名为心、肝、脾、肺、肾也。心属火，而有炎上之象；肝属木，而有曲直之形；脾属土，而有敦厚之势；肺属金，而有从革之能；肾属水，而有润下之功。此及五脏之义，而犹准之于气，皆有所配合焉。凡世之讲拳术者，要不能离乎斯也。

其在于内，胸廊为肺经之位，而肺为五脏之华盖，故肺经动，而诸脏不能不动也。两乳之中为心，而肺抱护之；肺之下、膈之上，心经之位也。心为君，心火动，而相火无不奉命焉。而两乳之下，右为肝，左为脾，背之十四骨节为肾。至于腰，为两肾之本位，而肾为先天之第一，又为诸脏之根源。故肾气足，则金、木、水、火、土无不各显生机焉！此论五脏之部位也。

然五脏之存乎内者，各有定位。而见于身者，亦有专属。但地位甚多，难以尽述。大约身之所系，中者属心，窝者属肺，骨之露处属肾，筋之联处属肝，肉之厚处属脾。想其意：心如猛，肝如箭，脾之力大甚无穷，肺经之位最灵变，肾气之动快如风。是在当局者自为体验，而非笔墨所能尽罄者也！

（六）三合

五脏既明，再论三合。夫所谓"三合"者：心与意合，气与力合，筋与骨合，内三合也；手与足合，肘与膝合，肩与胯合，外三合也。

若以左手与右足相合，左肘与右膝相合，左肩与右胯相合，右三与左亦然。以头与手合，手与身合，身与步合，孰非外合！心与目合，肝与筋合，脾与肉合，肺与身合，肾与骨合，孰非内合！然此特从变而言之也。

总之，一动而无不动，一合而无不合，五脏百骸悉在其中矣！

（七）六进

既知三合，犹有六进。夫"六进"者何也？头为六阳之首，而为周身之主，五官百骸，莫不体此为向背，头不可不进也！手为先锋，根基在膊，膊不进则手却不前矣！是膊亦不可不进也！气聚于腕，机关在腰，腰不进则气馁而不实矣！此所以腰贵于进者也！意贯周身，运动在步，步不进则意索然而无能为矣！此所以必取其进也！以及上左必进右，上右必进左，共为六进。

此六进者，孰非著力之地欤！要之，未及其进，合周身毫无关动之意；一言其进，统全体全无抽扯之形。六进之道，如是而已！

（八）身法

夫发手击敌，全赖身法之助，身法维何？纵、横、高、低、进、退、反、侧而已！

纵，则放其势，一往而不返。

横，则理其力，开拓而莫阻。

高，则扬其身，而身有增长之意。

低，则抑其身，而身有攒促之形。

当进则进，殚其力而勇往直前。

当退则退，速其气而回转扶势。

至于反身顾后，后即前也。

侧顾左右，左右恶敢当我哉！

而要非拘拘焉！而为之也，察夫人之强弱，运乎己之机关。有忽纵而忽横，纵横因势而变迁，不可一概而推。有忽高而忽低，高底随时以转移，岂可执一而论。时而宜进，不可退，退以馁其气；时而宜退，即以退，退以鼓其进。是进固进也，即退亦实以助其进。若反身顾后，而后不觉其为后；侧顾左右，而左右不觉其为左右。总之，观在眼，变化在心，而握其要者，则本诸身。身而前，则四体不命而行矣！身而怯，则百骸莫不冥然而处矣！身法，顾可置而不论乎！

（九）步法

今夫四肢百骸，主于动，而实运以步。步者，乃一身之根基，运动之枢纽也！以故应战、对战，本诸身；而所以为身之砥柱者，莫非步！随机应变，在于手；而所以为手之转移者，又在于步。进退反侧，非步何以作鼓动之机？抑扬伸缩，非步何以示变化之妙？即谓"观察在眼、变化在心"，而转变抹角，千变万化，不至穷迫者何？莫非步之司命！而要非勉强可致之也！

动作出于无心，鼓舞出于不觉。身欲动，而步以为之周旋；手将动，而步亦早为之催迫。不期然而已然，莫之驱而若驱。所谓"上欲动而下自随之"，其斯之谓欤！

且步分前后。有定位者，步也；无定位者，亦步也！如前步进，而后步亦随之，前后自有定位也；若前步作后步，后步作前步，更以前步作后步之前步，后步作前步之后步，前后亦自有定位矣。

总之，捶以论势，而握要者，步也！活与不活，在于步；灵与不灵，亦在于步。步之为用大矣哉！

（十）刚柔

夫拳术之为用，气与势而已矣！然而气有强弱，势分刚柔。气强者取乎势之刚，气弱者取乎势之柔。刚者以千钧之力而扼百钧，柔者以百钧之力而破千钧。尚力尚巧，刚柔之所以分也！

然刚柔既分，而发用亦自有别。四肢发动，气行诸外而内持静重，刚势也；气屯于内而外现轻和，柔势也。用刚不可无柔，无柔则环绕不速；用柔不可无刚，无刚则催逼不捷。刚柔相济，则粘、游、连、随、腾、闪、折、空、掤、捋、挤、按，无不得其自然矣！刚柔不可偏用，用武岂可忽耶！

三、太极拳经总歌

陈王廷

纵放屈伸人莫知，诸靠缠绕我皆依。
劈打推压得进步，搬撂横采也难敌。
钩掤逼揽人人晓，闪惊巧取有谁知？
佯输诈走谁云败，引诱回冲致胜归。
滚拴搭扫灵微妙，横直劈砍奇更奇。
截进遮拦穿心肘，迎风接步红炮捶。
二换扫压挂面脚，左右边簪庄根腿。
截前压后无缝锁，声东击西要熟识。
上笼下提君须记，进攻退闪莫迟迟。

藏头盖面天下有，攒心剁肋世间稀。
教师不识此中理，难将武艺论高低。

四、太极拳总论

陈照丕

缓慢柔和，平稳舒展。
连绵贯串，呼吸自然。
虚实分明，上下相随。
速度均匀，轻灵美观。
含胸塌腰，沉肘松肩。
虚灵顶劲，开裆贵圆。
下盘稳固，浩气沉丹。
清气上升，升于百会。
浊气下降，降于涌泉。
用意不用力，劲断意不断。
滑如冰凌黏如鳔，软似棉花硬似铁。
运劲如抽丝，发步如猫行。
连引代击，蓄而后发。
舍己从人，随机应变。
以形引气，以气摧形。
形气结合，特点表现。
肌肉发涨，手指发麻。
丹田发沉，膀胱发热。
足根发重，头顶发悬。
没有抽扯之形，没有提拔之意。
浑然一圆，方为合迫。

五、太极拳发蒙缠丝劲论

陈鑫

太极拳，缠法也。缠法如螺丝形运于肌肤之上，平时运动恒用此劲。故与人交手，自然此劲行乎肌肤之上，而不自知，非久于其道不能也。其法有：进缠，退缠；左缠，右缠；上缠，下缠；里缠，外缠；顺缠，逆缠；大缠，小缠。而要莫非以中气行乎其间，即引即进，皆阴阳互为其根之理也。或以为软手；手软何能接物应事？若但以迹象视之，似乎不失于硬，故以为软手。其周身规矩：顶劲上领，裆劲下去（要撑圆、要合住）；两肩松下，两肘沉下，两手合住，胸向前合；目勿旁视，以手在前者为的；顶不可倒塌，胸中沉心静气；两膝合住劲，腰劲下去；两足常用钩劲，须前后合住劲。外面之形，秀若处女，不可带张狂气，一片幽闲之神，尽是大雅风规。至于手中，其权衡皆本于心，物来顺应，自然合进退、缓急、轻重之宜。此太极之阴阳相停，无少偏倚，而为开合之妙用也。其为道岂浅鲜哉！

六、总论拳手内劲刚柔歌

陈鑫

纯阴无阳是软手，纯阳无阴是硬手；
一阴九阳根头棍，二阴八阳是散手；
三阴七阳犹觉硬，四阴六阳类好手；
唯有五阴并五阳，阴阳无偏称妙手！

妙手一着一太极，空空迹化归乌有。

每一势拳，往往数千言不能罄其妙，一经现身说法，甚觉容易；所难者工夫，尤难者长久工夫！谚有曰："拳打万遍，神理自现。"信然！

七、官骸十三目语录

陈鑫

1. 头

"头为六阳之首，周身之主，五官百骸，莫不体此为向背。"

"顶劲领过则上悬，领不起则倒塌。"

"至于头，耳能听敌来之声，眼能视敌发之色，头能前后左右触之，且左右手又能上行助之。"

2. 眼

"其精神在何处？曰：在眸子。心一动则眸子传之，莫之或爽。"

"运行根于一心，而精神看于眼目，眼目为传心之官，故眼不旁视，足证心不二用。"

"眼神尤为紧要，当随主要之手运行，不可旁视，旁视则神散，志亦不专。"

"手眼为活，不可妄动。"

"眼神注于（主要）手中指，不邪视。"

"眼看住前手中指，中指的也，故必视此，不可旁视令涣散无着。人之一身，运用全在一心，而传神全在于目，故必凝神注视。揽擦衣势右手为主,左手是宾,右手发端,眼必视之,眼随右手而行,至右手停止,眼必注于右手中指甲,五指肚要用力,此前后手运毕归宿处,故必用力。此时运动手似停止而其运动之灵气实不停止,一停止则其气息矣,即与下一势隔阂。此即天地阴阳运转不息,曾二气之在吾身独可息乎哉!唯不息故气越运越实,至运到十分满足,则下势即发起,此即阳极阴生,阴极阳生之意。"

"目能眼光四射。"

"目平视前,光兼四射。"

"眼睛顾视左右,要快。"

"收视返听,含光默默。"

3. 耳

"耳听身后兼左右。"

"耳听身后,防敌暗算。"

"敌人之来,必先有风,急者其风大,缓者其风微,即无风亦必有先兆,敌在前目能视之,其或在右、在左、在身后,是即先兆……唯凭耳听心防。"

"耳听左右背后,恐有不虞侵凌,人有以后来者,必先有声音,可闻其声音。有声自与无声不同,故心平气静,耳自聪灵。"

4. 鼻、口

"呼吸顺其自然。"

"调息绵绵。"

"心息相依。"

"打拳以鼻为中界。"

"口唇轻闭,舌尖轻抵上颚。"

5. 项

"项竖直不可硬。"

"项要端正竖起，如中流砥柱，不前不后，不左不右，不至倒塌方得。"

"项要灵活，灵活则左右转动自易。"

6. 手

"以心运手，顺势转圈。"

"手上领之时，腰与裆一齐俱下，上体周转自觉活动，下体亦不死煞。"

"手上领转圈，手指之画圈与胳膊之缠劲，是一股劲，不可视为两段。"

"手虚虚笼住。" "劲运到指肚头。"

"眼看中指甲，中指与鼻准相照。"

"中指以鼻准为的，用缠丝劲自肩缠到手，中气行到中指头方为运足。中指劲到，余指劲也到。柔住劲，不可稍留硬气。"

"以手运行止物，必得刚气行乎其中。"

"手如红炉出铁，人不敢摸。"

7. 拳

"去时撒手，着人成拳。"

"拳力如风又如雷。"

"一击如雷之霹雳一声，不及掩耳。"

"捶由后向前击如山上之雷，迅不及防，其进比鸟飞还迅。"

"近身屈肘用努力，去远何能不展肱？"

"用周身全力用拿劲打，不露粗率，方合法度……劲由后脚根越腿肚，顺脊上行串至肩臂，转过由胳膊背面运至手背，故拿住劲打有力。然虽劲由脚根起,其用本在心;心机一动,中气即由丹田发出至手,周身全力皆聚于此。至于击人则视人之远近,远则展开胳膊可以及人,近则胳膊不能展开,故用屈肘合捶打,极有含蓄,外面全不露形迹,被击者即跌倒,方为上乘。盖远击易,近击难,故得多下功夫才能如是。"

"内劲由丹田下过裆后,再由长强逆行到百会,降下至肩,前进运至捶,周身精神俱聚于捶,方有力。左右足踏地稳重如山在地上,莫能摇撼,方为有力。"

"在拳纯是浩气流转于周身,势不可遏。"

8. 腹

"下腰劲,尻骨微泛起,小腹自然合住劲。"

"胸腹宽宏广大,向前合住,中气贯注,上下全神,实有面盖背气象。久用其功,到是境地,自然知其神情;即至其境,亦可以意会,不可以言传也。"

"调息绵绵,操固内守,注意玄关,功久则顷刻间水中火发,雪里花开,两肾如汤热,膀胱似火烧,真气自足。"

9. 腰

"腰为上下体枢纽转关处,不可软,亦不可硬,折其中方得。"

"腰是上下体之关键,腰以上气往上行,腰以下气往下行,似上下两夺之势,其实一气贯通,并行不悖。"

"腰劲贵下去,贵坚实。"

"腰劲磁下不可软。"

"腰劲下去,腰是上下交关处,不下则上体气浮,足不稳。"

"腰劲要下去,下去要劲,两膝撑开,裆合住,要圆要虚，自然下体又虚又灵又稳当，摇撼不动。"

"腰一扭转，则上体自然扭转，与下体相照，是腰为上下体之枢纽。"

"腰中要虚，一虚则上下皆灵。"

"腰劲下不去，不能气归丹田；气不归到丹田，则中极、会阴失于轻浮，因而胸中横气填塞饱满，即背后陶道、身柱、灵台左右，横气亦皆填塞充足，而前后胥滞涩矣。盖不向前合失之一仰，向前合则裆劲轻浮，足底不稳，上体亦不空灵。"

"诀窍以两腰之中，两肾之间命门，为上下体之关键枢纽。"

10. 脊、背

"脊骨是左右身之关键。"

"内外转徐徐（缠皆内向外），中气贯脊中。"

"若问此中真消息，须寻脊背骨节中。"

"背用中气贯注。"

"背折舒开，顶劲、裆劲足。"

11. 裆与臀

"肾囊两旁谓之裆，贵圆贵虚，不可夹住。"

"裆要圆，圆则稳。"

"两大腿根要开裆，开不在大小，即一丝之微亦算得开，盖心意一开，裆即开矣。不会开裆者，腿虽岔三尺宽，不开仍然不开。是在学者细心参之。"

"裆固不得不开，然会阴要虚，小肚要实。"

"裆撑圆，虚虚合住……（停势时左右足）缠丝劲法，从足趾自内而外上行斜缠至腿根，以及会阴……合不到会阴，则无裆劲，且不能撑圆，此缠丝劲之不可离也。"

"下腰劲，尻微翻起，裆劲自然合住。"

"裆尤要虚，虚则回转皆灵。"

"浊气下降，合住裆劲。"

"下盘稳当，上盘亦灵动。"

"后臀翻起，前裆合住，后臀自然翻起。"

"尻骨、环跳蹶起来，里边腿根撑开，裆自开；两膝合住，裆自然圆。"

"中间裆开圆，要虚，不可岔如人字形。"

"髀骨不泛起，则前面裆合不住劲。"

"两尻骨臀肉向上泛起来，不泛起则前面裆合不住，软胁下为腰，腰劲不下，则膝与足无力。尻骨、环跳、里边骨向里合，不合则两大腿失之散。"

"顶劲领过则上悬，领不起则倒塌，此不会下腰劲、裆劲，以致身不自主。"

"裆劲、腰劲既皆下好，而屁股泛不起来，不唯前裆合不住，即上体亦皆扣合不住；上下扣合不住劲，则足底无力，而外物皆能摧倒我。"

12. 足

"千变万化由我运，下体两足定根基。"

"演手捶势：左右足踏地稳重如山在地上，莫能摇撼，方为有力。"

"足稳则身不可摇。"

"前后左右用劲匀停，自然立得稳。"

"足之虚实因乎手，手虚足亦虚，手实足亦实。"

"实足脚底前后皆要用力平实踏住地，涌泉穴要虚。"

"上虽凭手，下尤凭足，足快尤显手快之能。"

"肾藏志，以足从志，亦顺着转圈。"

"足随手运,圆转如神。"

"足大趾待手气直足后,乃与手一齐合住,此时方可踏实。"

"以引进搏击之术,行于手足之中。"

"至于手足运动,不外一圈,绝无直来直去。"

"胸膈横气卸到脚底。"

"劲虽由脚根起,其用本在心。"

"一点灵气从心起,上入青天下入地,此气行于手足中,不刚不柔自雍容。"

"云手:二足更迭转,机不停留,左足横开一步,右足随之虽亦横开一步,然右足将至左足边,复自上转回五、六寸方才落地,如此方见运行无直步。每左足开步,右足随之皆如是……如右手顺转一圈,前半圈中气由腋里边向外斜缠到指,后半圈自外回来,劲自外斜缠到腋下,左手亦然。至于足,如右足前半圈由腿根内向外缠到指,回来自外向里缠至腿根,左足亦然。"

"足踏出:如前有深渊,说回即收回,至虚至灵。"

"足运行极其缠绵不直,又能随手运行,不失螺丝缠劲。"

"足蹬愈重,则身起愈高。"

"不蹬则已,蹬之必令敌跌倒。"

"至于足,左来则左摆,右来则右摆;踢以御前,蹬以御后,举足如迅雷不及掩耳。凡敌之侵我下体者,足之为功居多,足之为用大矣哉!"

"将踢之时,视其可踢则踢之,不可踢则不踢,不可妄用其踢也。即有隙可乘,踢贵神速,不贵迟缓;贵踢关紧穴俞,不贵踢宽髀厚肉不着痛痒处。此要诀也,踢者须知。"

"脚踢拳打下乘拳,妙手何处不混然。"

"四肢百骸主于动,而实运之以步,步者乃一身之要基,运动之枢纽也……捶以论势,而握要者步也;活与不活在于步,灵与不灵亦在于步,步之为用大矣哉。"

13. 骨节

"骨节松开。"

"肌肤骨节,处处开张。"

"周身一齐合住劲,且周身骨节各处与各处自相呼应而合,如手与足是也。"

"说合则周身一齐扣合住方佳,至于周身骨节,如左右肘,左右肩,上下各处名目相合者,各自一切照样合住。"

"手与足,肘与膝,肩与胯,上下、左右、前后,运转停势时亦各呼应对齐,开则俱开,合则俱合。"

"骨节要对,不对则无力。"

"骨节齐鸣。"

八、太极拳法歌解

杨澄甫

(一)对待用功法守中土

定之方中足有根,先明四正进退身。掤捋挤按四正手,须费功夫得其真。身形腰顶皆可以,沾粘连随意气均。运动知觉来相应,神是君位骨肉臣。分明火候七十二,天然乃武并乃文。

(二)身形腰顶

身形腰顶岂可无,缺一何必费功夫。腰顶穷研生不已,身形顺我自伸舒。舍此真理终何极，十年数载亦糊涂。

（三）太极圈

退圈容易进圈难，不离腰顶后与前。所难中土不离位，退易进难仔细研。此为动功非站定，倚身进退并比肩。能如水磨催急缓，云龙风虎象周全。要用天盘从此觅，久而久之出天然。

（四）粘黏连随解

沾者，提上拔高之谓也。粘者，留恋缱卷之谓也。连者，舍己无离之谓也。随者，彼走此应之谓也。要知人之知觉运动，非明沾粘连随不可。斯沾粘连随之功夫，亦甚细矣。

（五）顶匾丢抗解

顶者，出头之谓也。匾者，不及之谓也。丢者，离开之谓也。抗者，太过之谓也。要知于此四字之病，不明沾粘连随，断亦不明知觉运动也。初学对手，不可不知也。更不可不知此病。所难者，粘黏连随，而不许顶匾丢抗，是所不易也。

（六）太极阴阳颠倒解

阳、乾、天、日、火、离、放、出、发、对、开、臣、肉、用、器、身、武、立命、方、呼、上、进、隅。阴、坤、地、月、水、坎、卷、入、蓄、待、合、君、骨、体、理、心、文、尽性、园、吸、下、退、正。

盖颠倒之理，水火二字详之则可明。如火炎上，水润下者。

能使火在下而用水在上，则为颠倒。然非有法治之，则不得矣。譬如水入鼎内，而置火之上。鼎中之水，得火以燃之。不但水不能下润，藉火气，水必有温时。火虽炎上，得鼎以隔之，是为有极之地，不使炎上之火无上息，亦不使润下之水渗漏。此所谓水火既济之理也，颠倒之理也。若使任其火炎上，水润下，必至水火分为二，则为水火未济也。故云分而为二，合之为一之理也。故云一而二，二而一。总斯理为三，天地人也。明此阴阳颠倒之理，则可与言道。天地同体，上天下地，人在其中矣。乾坤为一大天地，人为一小天地也。天者性也，地者命也，人者虚灵也，神也。若不明之者，乌能配天地人为三乎。然非尽性立命，穷神达化之功，胡为乎来哉。

（七）太极轻重浮沉解

双重为病，在于填实，与沉不同也。双沉不为病，自尔腾虚，与重不一也。双浮为病，只如飘渺，与轻不例也。双轻不为病，天然清灵，与浮不等也。半轻半重不为病，偏轻偏重为病。半者，半有着落也，所以不为病。偏者无者落也，所以为病。偏无着落，必失方圆。半浮半沉为病，失于不及也。偏浮偏沉，失与太过也。半重偏重，滞而不正也。半轻偏轻，灵而不圆也。半沉偏沉，虚而不正也。半浮偏浮，茫而不圆也。夫双轻不近于浮，则为轻灵。双沉不近于重，则为离虚。故曰，上手轻重，半有着落，则为平手。除此三者之外，皆为病手。盖内之虚灵不昧，能致于外之清明，流行乎肢体也。若不穷研轻重浮沉之手，表里精细无不到，则以集大成。有何云四隅出方圆耶。所谓方而圆，圆而方，超乎象外，得其寰中之上手也。

（八）太极尺寸分毫解

功夫先练开展，后练紧凑。开展得而成之，才讲紧凑。紧凑得成，才讲尺寸分毫。由尺进之功成，而后能寸进分进毫进。此所谓尺寸分毫之理也。然尺必十寸，寸必十分，分必十毫，其数在焉。故云对待者，数也。知其数则能得尺寸分毫也。要知其数，必密授而能量之分毫内，即有点穴功也。

九、争走要诀

陈鑫

两人手交，各怀争胜之心。彼此挤到十分九厘地位，只余一厘，分胜负全在此一厘地位。彼先占据，我即失败；我先占据，彼亦失败。盖得势不得势全系此。此两人俱到山穷水尽也。

当此际者，该如之何？曰：必先据上游。问如何据上游？顶精（劲）领住中气，手略提高，居于敌手之上。身略前侵逼，迫彼不得势。力贵迅发，机贵神速。一迟即失败，一迅疾即得势。势得则手一前送，破竹不难矣。

如两人对弈，棋到残局，胜负在此一步。又如逐鹿，唯高才捷足者先得之。又如两国兴兵，先夺其辎重粮草。此皆据上游之法也。

故平素打拳，全在一起、一转，所谓"得势争来脉，出奇在转关"。本势手将起之时，必先使手如何承住上势，不令割断神气血脉。即承接之后，必思：手如何得机、得势？来脉真，机势得，转关自然灵动。

能如此，他日与人交手，自能身先立于不败之地，指挥如意。来脉转关，顾可忽乎哉！

十、陈鑫太极拳论分类语录
陈鑫

（一）心静身正，以意运动

"学者上场打拳，端然恭立，合目息气，两手下垂，身桩端正，两足并齐，心中一物无所著，一念无所思，穆穆皇皇，浑然如大混沌无极景象，故其形无可名，名之曰无极，象形也。"

"太极者，生于无极也。阴阳由微于著，循环无端，即其生生之机也……打拳上场手足虽未运动，而端然恭正之中，其阴阳开合之机，消息盈虚之数，已俱寓于心腹之内。此时壹志凝神，专主于敬，而阴阳开合，消息盈虚，特未形耳。时无可名，亦名之曰太极。言此以示学者初上场时，先洗心涤虑，去其妄念，平心静气，以待其动。如此而后可以学拳。"

"拳名太极，实天机自然之运行，阴阳自然之开合也，一丝不假强炎，强为者皆非太极自然之理，不得名为太极拳。" "精神贵乎蕴蓄，不可外露圭角。"

"静以待动。" "太和元气到静时，不静不见动之奇。"

"不矜不张，局度雍容，虽曰习武，文在其中矣。"

"身必以端正为本。"

"身法端凝莫侧，收敛精神，另无他诀，心平气和则得。"

"身法正者，身桩端正，无所偏倚，虚灵内含，故不惧他人推倒。"

"不偏不倚，无过不及。"

"不偏不倚，非形迹之谓，乃神自然得中之谓也。""若兼带俯仰伸缩法，规矩方为完全合一。久练纯熟则起落进退，旋转自由，而轻重、虚实、刚柔齐发。"

"打拳原是备身法，身法有正有斜，有直有曲，有顺有逆；有偏前，有偏后；有偏左，有偏右；有偏上，有偏下；有在地上坐，有在空中飞；有束往，有散开；种种身法，不可枚举，皆有中气以贯之。此临时以意会之自知。"

"身虽有时歪斜，而且歪斜之中，自寓中正，不可执泥。"

"间架即有时身法歪斜，是亦中正之偏，偏中有正，具有真意，有真意其一片缠绵意致，非同生硬挺霸，流于硬派。"

"以心中浩然之气，运于全体，虽有时形体斜倚，而斜倚之中，自有中正之气以宰之。"

"至于身法，原无一定，无定有定，在人自用，横竖颠倒，立坐卧挺，前俯后仰，奇正相生，回旋倚侧，攒跃皆中（皆有中气放收，宰乎其中），千变万化，难绘其形。"

"身法不论大身法转关或小身法过角，以灵动敏捷为尚。"

"能会此身转移法，神机变化在其中。"

"打拳心是主。"

"以心为主，而五官百骸无不听命。"

"天君有宰，百骸听命。"

"运用在心，此是真诀。""中和元气，随意所之，意之所向，全神贯注。"

"动静缓急，运转随心。"

"运化全在一心中。"

"四体从心而运，官骸皆悦以顺从，而要皆以乾坤正气行之也。"

"心中一物无有，极其虚灵，一有所着，则不虚不灵，唯静以持之，养其诚以至动静咸宜，变化不测。"

"妙机本是从心发。"

"问：运行之主宰？曰：主宰于心。心欲左右更迭运行。则左右手足即更迭运行；心欲用缠丝劲顺转圈，则左右手即用缠丝劲顺转圈；心欲沉肘压肩，肘即沉，肩即压；心欲胸腹前合，腰劲算下，裆口开圆，而胸向前合，腰劲算下，裆即开圆，无不如意；心欲屈两膝，两膝即屈，右足随右手运行，左足随左手运行，而膝与左右足皆随之，不然多生疵累，此官骸之所以不得不从乎心也。吾故曰：心为一身运行主宰。"

"或曰：拳之大概即闻命矣，而要打不出神情，何也？曰：此在平居去其欲速之心，如孟子所言，必有事焉而勿正，心勿忘，勿助长焉。临场先去其轻浮慌张之气，清心寡欲，平心静气，着着循规蹈矩，积久功熟，然后此中层累曲折，历尽难境，苦去甘来，机趣横生，浡不可遏，心中有情有景，自然打出神情矣。要之此皆人力所能为者，至于无心成化，是在涵养，日久优游，以俟其自至则得矣。"

"一片灵机写太和，全凭方寸变来多，有心运到无心处，秋水澄清出太阿。"

"拳虽小技，皆本太极正理。"

"拳虽武艺，得其正道（中庸之道，不偏不倚，无过无不及），无往不宜。"

（二）开合虚实，呼吸自然

"开合虚实，即为拳经。"

"以吾身本有之元气，运于吾身，其屈伸往来，收放擒纵，不过一开一合与一虚一实焉已耳。"

"一开一合，拳术尽矣。"

"动静循环，岂有间哉！吾所谓：一动一静，一开一合，足尽拳中之妙。"

"一开一合妙入微，上下四旁泄化机，纵使六子俱巧舌，也难描写雪花飞。"

"开合原无定，屈伸势相连。太极分阴阳，神龙变无方。"

"阖辟刚柔顺自然，一扬一抑理循环。"

"一开一合，有变有常，虚实兼到，忽现忽藏。"

"开中有合，合中有开；虚中有实，实中有虚。"

"实中有虚，虚中有实，太极自然之妙用，至结果之时，始悟其理之精妙。"

"周身一齐合到一块，神气不散，方能一气流通，卫护周身。"

"打拳以调养血气，呼吸顺其自然。……调息绵绵，操固内守，注意玄关……轻轻运行，默默停止，唯以意思运行。"

"头直，眼平视，肩与肩合，肘与肘合，手与手合，大腿根与大腿根合，膝与膝合，足与足合，平心静气，说合上下一齐合住，气归丹田，合法皆用倒（逆）缠法。"

"开则俱开，合则俱合。"

"至合之时，气必归于丹田。"

"一开一合，莫非自然。"

"非但合之以势，宜先合之以神。"

"合者合其全体之神，不但合其四肢。"

"一开一合阴阳备，四体（两手两足）殷勤骨节张。"

"每日细玩太极图，一开一合在吾身。"

"心要虚，心虚则四体皆虚，丹田与腰劲足底要实，三处一实则四体之虚者皆实，此之谓虚而实。"

"天地阴阳之理，不过消息盈虚而已，故孔子尚消息盈虚。打太极拳亦是消息盈虚。息者，喘息也，呼吸之气也，生长也，故人之子谓之息，以其所生也，因气微，故谓之息。消者，减也，退也。盈者，中间充满也。虚者，中间空也。"

(三)轻灵圆转,中气贯足

"能敬能静,自葆虚灵。"
"心身不可使气,轻轻运动。"
"以灵动敏捷为尚。"
"且心一虚,则全体皆虚,唯虚则灵,灵足以应敌。"
"打拳者,手极虚极灵,物有挨着即知,即能随机应之,不惟手,即背面全身尽是虚灵。"
"往来屈伸,如风吹杨柳,天机动荡,活泼泼地毫无滞机。"
"以虚灵之心,养刚中之气。"
"至于手足运动,不外一圈,绝无直来直去。""所画之圈有正斜,无非一圈一太极。""沿路缠绵,静运无慌。"
"足随手运,圆转如神。"
"离形得似,何非月圆,精练已极,极小亦圈。""圈是周身转,不但手足,而手足在外易见,故以手转言之。"
"越小小到没圈时,方归太极真神妙。"
"打拳中气所往,人孰能禁!"
"以浩然之气行之,无往不宜。"
"心劲一发,而周身之筋脉骨节,无不随之,外之所形,皆由中之所发,故曰内劲。"
"内劲何发何行?发于一心,而行于四肢之骨髓,充于四肢之肌肤。"
"不滞不息,不乖不离,不偏不倚,即是中气。"
"中气得十分满足,气势盛足。"
"拳以中气运行,人乃心服,斯即化成天下。"
"以引足为止,学者多性躁,未下功夫,先好打人,不知侵到何处，即以何处引击，不拘定格。"

"中气贯足，物来顺应，物莫能违。"

"拳家手成，能平其志，自无横气。"

"中气运到手指头方为运足。"

"足大指待手气走足后，仍与手一齐合住，此时方可踏实。"

"其劲皆发于心内，入于骨缝，外达于肌肤，是一股劲，非有几股劲，即气之发于心者。得其中正即为中气，养之即为浩然之气。"

"中气贯脊中。"

"若问此中真消息，须寻脊背骨节中。"

"中气上自百会穴，下贯长强穴，如一线穿成也。"

"中气贯于心肾之中，上通头顶，下达会阴……中气充实于内，而后开合擒纵，自无窒碍。""中气必由胳膊中徐徐运行，不可慌张忽略，顺其当然之则，运其自然，勿令偏倚，而以心气行于两肱之中，是为中气。"

"其形若止，其意不止，渐渐充其内劲，必使劲由骨缝中充至肌肤，以及指头，待内劲十分充足，则下势之机致自动。"

"一气运行，绝不停留，纯是浩气流转于周身，势不可遏。"

"但凭得周身空灵，一缕中气随势扬。"

"两人相敌，性命所关，外观诸人，内观诸己，知己知彼，百战百胜，而一以中气持御之，不失大中至正之道。"

"以心中之中气运乎四肢之中，是人所不见己，我独知之地，须时时神而会之，久而自明。"

"顶劲领起来（顶劲：心之中气。领：如提起）。顶劲何在？在百会穴，其意些须领住（领是领其全体精神，令其不偏不倚）就算，不可太过，过则下掤上悬，立不稳当，此是一身关键,中气之所通者,不可不知。中气上通百会,下通二十椎,此处一通则上下皆通,全体之气脉胥通,自无倒倾之弊。脑后二股筋是佐中气之物,二筋之间其无筋处乃中气上下流通之路,下行脊骨之中至二十一椎止。即前后任督二脉亦皆是辅吾之中气。

"中气最难名,即中气所行之路处亦最难名,无形无声,非用功夫久,不能知也。所以不偏不倚,非形迹之谓,乃神自然得中之谓也。即四肢中所运之中气亦即此中气之旁流,非另有一中气。此外不偏,而后四肢之中气皆不偏,虽四体形迹呈多偏势,而中气这流于肢体中者自是不偏,此意第可神而明之。"

"气非有两,其柔而劲者为中气,一味硬者为横气。其为用也,不偏不倚,无过不及,是中气之用,非中气之体。中气之体即吾心中阴阳之正气,即孟子所谓配道义浩然之气也。"

(四)缠绕运劲,舒畅经络

"凡经络皆有益于拳。"

"打太极拳须明缠丝劲,缠丝者,运中气之法门也,不明此,即不明拳。"

"太极拳缠丝法也。进缠退缠,左右缠,上下缠,里外缠,大小缠,顺逆缠,而要莫非即引即缠,即进即缠,不能各是各着;若各是各着,非阴阳互为其根也。"

"浑身俱是缠劲,大约里缠外缠,皆是随动而发,在左手前,右手后;右手前,左手后,而以一顺合者;亦有左里合,右背合者;亦有用反背劲而往背面合者,各因其势之如何而以自然者运之。其劲皆发于心内,入于骨缝,外达于肌肤,是一股劲,非有几股劲。即气之发于心者,得其中正,则为中气,养之即为浩然之气。"

"此中意趣,莫割断神气,神气不断,知脉自然流通。"

"天地间未有一往而不返者，亦未尝有直而无曲者矣。"

"盖物有对持，势有回还，古今不易之理也。""卫生之本，还气妙诀。能善运气，始能卫其生命。"

"自当从良师，又宜访高朋，处处循规矩，一线启灵明；一层深一层，层层意无穷，一开连一合，开合递相承。"

"五运六气司变化，武术得之自通神。"

"任脉起于会阴，上行循腹里至天突、廉泉止，督脉亦由会阴起，过长强，顺脊逆行而上至百会，下降至人中止……上身任督以腹背言……皆位乎中，可以分，可以合也。分之以见阴阳之不离，合之以见浑沌之无间……人能明任督以运气保身……行导引之术，以为（却病延年）之根本。打拳以调养血气，呼吸顺其自然，扫除妄念，卸尽浊气，先定根基，收视返听，含光默默，调息绵绵，操固内守，注意玄关（即丹田），功久则顷刻间水中火发，雪里花开，两肾如汤热，膀胱似火烧，真气自足。任督犹车轮，四肢若山石。无念之发，天机自动。每打一势，轻轻运行，默默停止，唯以意思运行，则水火自然混融……练过十年以后，周身混沌，极其虚灵，不知身之为我，我之为身，亦不知神由气生，气自有神，周中规，折中矩，不思而得，不勉而中……不知所以然而然；亦不知任之为督，督之为任，中气之所以为中气也。时措咸宜，自然合拍。此言任督之升降顺逆，佐中气以成功。气动由肾而生，静仍归宿于肾。一呼一吸，真气之出入，皆在于此……总之，任说千言万语，举莫若清心寡欲，培其本原，以养元气。身本强壮，打拳自胜人一筹。"

"此劲皆由心中发，股肱表面似丝缠，斜缠顺逆原有定，最耐浅深细究研。究研功夫真积久，一旦豁然太极拳，人身处处皆太极，一动一静俱混然。"

"胳膊劲由心发，行于肩、过肘、至指，此是顺缠法。由骨至肌肤,由肩至指,出劲也。由指至肩倒(逆)缠法,所谓入劲者,引之而来,使敌近于我也。"

"两腿之劲,皆由足大拇指领起,过涌泉,上缠过外踝,向里缠,斜行而上,过三里,越膝,逾血海,至大腿根,两腿根间谓之裆,即会阴穴也(盖两劲对头是其结穴,此处是腿劲归宿,腰劲稍往下降,降至此腿根撑开,裆劲自圆)。运劲足后跟踏地,渐至趾通谷、大种、外腓以及隐白、大敦、厉兑,实实在在地踏于地上(脚趾脚掌要抠住地,涌泉要虚,不虚则趾不着力,用不上力,是为前后实,中间虚)。"

"官体之劲,各随各经络运行,无纤悉之或差。"

"一往一来运一周,上下气机不停留,自古太极皆如此,何须身外妄营求。"

(五)上下相随,内外相合

"一身必令上下相随,一气贯通。"

"内外上下必随,其劲不可拂逆。"

"发令者在心,传令者在手,观色者在目。此心、手、眼三到之说,缺一不可。"

"上下手足各相随,后往前转莫迟迟。"

"不先不后,迎送相当,前后左右,上下四旁,转接灵敏,缓急相将。"

"上面手如何运,下体足如何运,上下相随,自然合拍。"

"要手全在手掌,手指领起周身运动,足随手尤其紧要。"

"足随手运,圆转如神。"

"中间胸腹随手足运,上下一气贯通,说动一齐动,说止一齐止。"

"击首尾动精神贯,击尾首动脉络通,当中一击首尾动,上下四旁扣如弓。"

"内外一气流转。"

"八体（顶、裆、心、眼、耳、手、足、腰）关紧君须记，人力运成夺天工。"

"太极拳千变万化，无往非劲，势虽不侔，而劲归一。夫所谓一者，自顶至足，内有脏腑筋骨，外有肌肤皮肉，四肢百骸相联而为一者也。破之而不开，撞之而不散。上欲动而下自随之，下欲动而上自领之，上下动而中部应之，中部动而上下和之，内外相连，前后相需，所谓一以贯之者，其斯之谓欤！"

"心与身不可使气，轻轻遵住规矩，顺其自然之势而运之。以手领肘，双肘领肩；下则以足领膝，以膝领大股。其要处全在以手足指头领住运行。或问：手足全不用气，何以运动？曰：手中之气，不过仅仅领住肩臂而已，不可过，过则不灵。至于足，较之手稍重而已。"

（六）着着贯串，势势相承

"拳之一道，进退不已，神气贯串，绝不间断。""初学用功，先求伏应，来脉转关，一气相生。""上着下着，一气承接，勿令神气间断。""打拳全在起势，一起得势，以下无不得势。即无敌人徒手空运，亦觉承接得势，机势灵活，故吾谓每一势全在一起，于接骨逗榫处彼势如何落下，此势如何泛起，须要细心揣摩。又全在一落必思如何才算走到十分满足，无少欠缺。神气既足，此势似可停止，而下势之机已动，欲停而又不得停；盖其欲停将停之机，又已叫起下势矣。吾故曰：此时之境，似停不停（不停者，神未足也），不停而停（所停者只一线，下势即起）。"

"学太极拳着着当细心揣摩，一着不揣摩，则此势机致情理，终于茫昧，即承上起下处尤当留心，此处不留心，则来脉不真，转关亦不灵动，一着自成一着，不能自始至终，一气贯通矣。不能一气贯通，则与太和元气终难问津。"

"平素打拳，全在一起一转，所谓'得势争来脉，出奇在转关'，本势手将起之时，必先使手如何承住上势，不令割断神气血脉；既承接之后，必思手如何得机得势。来脉真，机势得，转关自然灵动。能如此他日与人交手，自能身先立于不败之地，指挥如意。"

每势将成，"迹似停，气却不停，必待内劲徐徐运到十分充足，下势之机跃跃欲动，方能上势与下势打通，中无隔阂，一气流行，不但一势如是，拳自始至终，每势之末，皆如是。"

"接骨逗榫，细心揣摩。"

"理精法密，条理缕析。"

"层累曲折，胥致其极。"

（七）虚领顶劲，气沉丹田

"问：打拳关键在何处？曰：在百会穴下，自脑后大椎通至长强，其动处在任督二脉。"

"百会穴领其全身。"

"顶劲者，是中气上冲于头顶者也。不领则气塌，领过不惟全身气皆在上，足底不稳，病失上悬，即顶亦失于理，扭转不灵，亦露笨象，是在似有似无，折其中而已。"

"打拳全是顶劲，顶劲领好，全身精神为之一振。"

"提纲全在顶劲，故顶劲一领而周身精神皆振。""顶劲中气是股正气，心中意思领起即行到头顶上，中气自然领起来，非有物以提之，是意思如此。"

"拳自始至终，顶劲决不可失，一失顶劲，四肢若无所附丽，且无精神，故必领起，以为周身纲领。"

"顶劲上领，意思如上顶破天，不可用气太过。"

"顶劲领起斜寓正，裆间撑（膝撑开）合（劲合住）半月圆。"

"中气上自百会穴，下贯长强穴，如一线穿成也。"

"顶劲领起来，领顶劲非硬蹬脑后顶间二大筋之谓，乃是中气上提，若有意，若无意，不轻不重，似有似无，心中一点忽灵劲，流注于后顶，不可提过，亦不可不及，提过则上悬，不及则气留胸中，难于下降，此顶劲式。"

"中气贯于心肾之中，上通头顶，下达会阴。"

"顶劲上领，浊气下降，中气蓄住入于丹田。"

"人之一身，以腰为中界，气往上下行，中间以腰为界。"

"孟子曰：志者气之帅，气者体之充。心如将军气如兵，将军一出令，则士卒皆听命。清气上升行于手，浊气下降行于足，气皆行到指关乃止，丹田为全体之气归缩处，如兵马屯处，气之上行下行似两橛，其实一气贯通也。"

"百会穴领其全身，要使清气上升，浊气下降。清气如何上升？非平心静气不可，浊气必下降至足。一势既完，上体清气皆使归于丹田，盖心气一下，则全体之气无不俱下。"

"周身之劲往外发者，皆发于丹田；向里收者，皆收于丹田，然皆以心宰之，处处皆见太和元气气象。""气归丹田，上虚下实，中气存于中，虚灵含于内。"

"势既成，心平气和，中气归于丹田。"

"丹田气一分五处，其实一气贯通，上下不可倒塌，一也。心气一领，丹田气上行，六分至心，又一分两股，三分上行至左肩，三分上行至右肩，皆是由肩骨缝中贯到左右指头，其在骨缝中者谓之中气，其形肌肤者谓之缠丝劲；其余四分，亦分两股，二分行于左股，二分行于右股，皆是由骨缝中贯至左右足趾。"

"至于中气归丹田之说,不必执泥,但使气降于脐下小腹而已。若细研之,丹田非气之原,何以独言归此?此不过略言大意而已,若究其原,周身元气皆出肾,肾水足则气自壮;养于胃,胃得其养则气亦壮;藏于肝,肝气一动逆气横生,气不得其平;涵泳于心,心无妄念则心平者气自和;肺主声,实鸣之以心,心机何往,不必声出诸口而心先喻也;壮于胆,胆则无前,气亦随之;运于脾,是经多气少血,闻声则动,动则运化不已,心一动脾即动矣。佐以大肠,大肠多气少血,且为传道之官;又辅以小肠,小肠在前脐上,后附脊,滓秽不存,浊气去而清气来矣。以上经络,皆有益于拳,故乃之。若专言肾,肾者作强之官,技巧出焉,是经少血多气,藏精于志,精神之舍,性命之根。肾有两枚,枚各两系,一系于心,一上通于脑,气之所生,实始于此,归宿必归到此。至于命门,实两肾之间气所出入之门,故曰命门。"

"命脉者,肾也,中气之所由来也。动则出,静则入。有定而无定,言不时变易势,故阴阳二气变易亦无定。""出肾入肾是真诀。"

"跨虎势定式:腰以上背后魄户、膏肓向胁前合,胸前左右胁第一行渊液、大包属三焦,二行辄筋、日月亦属少阳三焦,三行云门、中府、食窦、胸乡属肺与脾,四行厥阴、期门、天池属肝胆,五行阳明大肠缺盆、气户、梁门、关门属肠胃,第六行少阴腧府、神藏、幽门、通谷属心肾,中一行华盖、紫宫、玉堂、膻中、中庭、鸠尾。

左右胁由渊液、大包以至幽门通谷两边,皆向玉堂、膻中合住,左右各胁皆相呼应,此左右胁腰以上之式。

腰以下左右气冲、维道皆向气海、关元、中极合住,此左右软胁下式。"

"何谓闪通背?以中气由心下降过脐到丹田,复由丹田与任脉逆行而上越脐，越上脘、华盖、天突、廉泉至承浆（下嘴唇），督脉接住逆行水沟、人中、素髎（鼻准），越神庭、上星、颅会、前顶以至百会，下降越后顶、强门、脑户、风府、哑门、大椎、陶道、身柱、神道、灵台、至阳、筋缩、脊中、悬枢、命门、阳关、腰俞，以至长强（皆脊背俞也是），再至会阴极矣（是前任脉，后督脉下面两脉起端处）。中气由百会下通长强、会阴，是谓通背。闪者，如人搂住后腰，前面腰向前猛一弯，头与肩往下一栽，后面长强与环跳（即大腿外骨）往上用力挑其小腹，往上一翻，敌自手散开，颠倒从吾头上闪过前面，仰跌吾前矣。此之谓闪通背。"

"通背如何？当头与肩往下栽时，屁股往上一挑，则督脉从长强穴逆行而上通百会，以至人中，任脉接住下行以至丹田，是引阳入阴一周也。右手从裆涉起，任脉即从丹田逆行而上以至承浆穴，右手随身逆转，手到下，督脉从人中逆行过顶后，由大椎顺行而下，复至长强，是由阴附阳又一周也。待右足退行到左脚之后，右手从下涉起到上，则督脉又自长强逆行而上已至头顶百会矣。是督脉上运已大半圈，待下势以演手捶合住，则督脉由百会下至人中穴，任脉由承浆下行以至丹田，是三周也。以通背一势，而督脉上下来回三过其背，是之谓通背。

右手由头至裆是顺缠法，由裆涉起转过身来手到下，复由下涉起到后之上，以至下势演手捶，皆是逆缠法。"

"演手捶势：此势右足后蹬用劲，劲由后踵逆行而上，至委中，再上行过意舍、魂门、神堂、膏肓、魄户，至肩额，再由肩额下行入小海，分入手三里，下行合谷（二指）、中渚（四指）、腕骨（小指），以至四指之第三节。右足之劲用逆缠法，由下逆缠而上，至会阴，斜入意舍，直到肩额，复用逆缠法缠至捶头，手背朝上，为合劲。督脉逆行而上，由长强上过百会，下至人中，任脉由承浆接住，下行入丹田，前后转一周，以助右拳之劲。且顶劲之领，亦全凭此督脉。右膝右前往里合住劲。胸中要虚，惟虚则灵，劲向前合。腰劲下去，屁股向上翻，则前面气海、丹田与裆中自然向前合住劲，裆不合则下体足底皆不稳，不虚则左右旋转不灵，故必向前合住劲，兼以虚圆。

演手捶五官百骸之劲，皆聚于捶。

演手者易于前贪，不知前贪太过，不唯左右易揭起来，且左右旋转不灵，易于失败，故宁欠一二分，断不可过界一厘，此谓强弩之末，不能穿鲁缟，过之故也，演捶者戒之。"

（八）含胸拔背，沉肩坠肘

"胸要含住劲，又要虚。"

"胸要虚含如磬。"

"胸如鞠躬向前微弯，四面包涵住。"

"中间胸腹自天突穴至脐下阴交、气海、石门、关元，如磬折如鞠躬形，是谓含住胸，是为合住劲，要虚。"

"平心静气，勿使横气填塞胸中。"

"胸要含蓄，气降丹田，无留横气于上。"

"胸膈横气卸到脚底，即不能，亦当卸至丹田。"

"胸间松开，胸一松，全体舒畅，不可有心，亦不可无心。自华盖至石门要虚虚含住，不可令横气横于胸中。"

"胸亦随手转圈。"

"（白鹤亮翅势）胸间劲亦若随住右手与左手先从右向下，向左而上至右，绕一大圈。"

"胸中内劲如太和元气转圈。"

"太和元气运胸中，一动一静合轻重。"

"打拳运动全在手领，转关全在松肩，功久则肩之骨缝自开，不能勉强，左右肩松不下则转关不灵。且松肩不是单肩，骨节开则肩自松下。"

"肩塌下，不可架起来。"

"转圈机关，全在于肩，故肩中骨缝，宜令开张。"

"胳膊如在肩上挂着一般。"

"肩额、肩井、扶突，皆松下。"

"肩膊头骨缝要开，始则不开，不可使之强开，功夫未到自开时心说已开，究竟未开；必攻苦日久，自然能开，方算得开。此处一开，则全胳膊之往来屈伸，如风吹杨柳，天机动荡，活泼泼地毫无滞机，皆系于此。此肱之枢纽，灵动所关，不可不知。"

"两肩要常松下，见有泛起，即将松下；然不得已上泛，听其上泛，泛毕即松。不松则全肱转换不灵。故宜泛则泛，宜松则松。每势毕，胸向前合，两肩彼此相呼应。此两肩式。"

"俯肩一靠破铜墙。"

"两肘当沉下，不沉则肩上扬，不适于用。"

"肘尖向下……膝盖与肘尖上下相照。"

"肘在前后、左右、上下，要呼应合住劲。"

（九）运柔成刚，刚柔相济

"打拳以鼻为中界，左手管左半身，右手管右半身，各足随各手动之。心身不可使气，轻轻运动，以手领肘，以肘领臂，手中之气仅仅领起手与臂而已，不可过，过则失于硬。上体手如何运动，下体亦随之，上下相随，中间自然皆随，此为一气贯通。裆劲要开要虚，裆开然后心气发动。" "肌肤骨节，处处开张。"

"欲刚先柔，欲扬先抑。"

"世人不知，皆以（太极拳）为柔术，殊不知自用功以来，千锤百炼（百炼此身成铁汉），刚而归之于柔，柔而造至于刚，刚柔无迹可见。但就其外而观之，有似乎柔，故以柔名之耳，而岂其然哉？且柔者，对乎刚而言之耳。是艺也，不可谓之柔，亦不可谓之刚，第可名之为太极。太极者，刚柔兼至，而浑于无迹之谓也。其为功也多，故其成也难。"

"阴阳互为其根，不可分为两橛。"

"克刚易，克柔难。"

"柔能克刚，以退为进者，坤道也；坤错乾，乾，刚也。坤至柔而动也刚。此拳外面似柔，其实至刚。"

"故拳术以柔克刚，因而中也。"

"打拳何尝不用气，不用气则全体何由运动？但本其至大至刚之气，以直养无害焉已耳。"

"一阴一阳，要必以中峰运之，中峰者，不偏不倚，即吾心之中气（不滞不息，不乖不离，不偏不倚，即是中气），所谓浩然之气也。"

"此气行于手足中，不刚不柔自雍容。"

"浑灏流行，自然一气，轻如杨花，坚如金石，虎威比猛，鹰扬比疾，行同乎水流，止侔乎山立。""以虚灵之心，养刚中之气。"

"胸中一团太和元气，充周四体，至柔至刚，实备乾健坤顺之德。当其静也，阴阳所存，无迹可寻；及其动也，看似至柔，其实至刚，看似至刚，其实至柔，刚柔皆具，是谓：阴阳合德。"

"运动似柔而实刚，精神内藏而不露，此为上乘。""坤至柔，而动也刚。""柔顺济以刚直。"

"乾刚坤柔，阴阳并用，不偏不倚，无过不及。"

"阴阳互用，天道所藏，动静无偏，乃尔之强。"

"久练纯熟，则起落进退，旋转自由，而轻重、虚实、刚柔齐发。"

"任人四面来侮，此身全仗虚灵，官骸无所不顾，……任尔奸巧丛生，自是刚柔素具。"

"拳以太极名，古人必有以深明乎太极之理，而后于全体之上下、左右、前后，以手足旋转运动，发明太极之蕴，立其名以定为成宪，义至精也，法至严也，……虽曰拳为小道，而太极之大道存焉。……后之人，事不师古，不流于狂妄，即涉于偏倚，而求一不刚不柔，至当恰好者，以与太极之理相吻合者，盖亦戛戛乎其难矣。"

"虞廷执中，孔门一贯，此外无余蕴。……神而明之，存乎其人。"

"然刚柔既分，而发用有别。四肢发动，气形诸外，而内持静重，刚势也；气屯于内而外现轻和，柔势也。用刚不可无柔，无柔则环绕不速；用柔不可无刚，无刚则催迫不捷。刚柔相济，则粘、游、连、随、腾、闪、抖、空、掤、捋、挤、捺，无不得其自然矣。刚柔不可偏用，用武岂可忽耶！"

（十）先慢后快，快而复慢

"由起至止，须慢慢运行，能慢尽管慢，慢到十分功夫，即能灵到十分，惟能灵到十分火候，斯敌人跟不上我，反以我术为奇异，是人之恒情也，殊不知是先难之功之效也。"

"每著之中，五官百骸顺其自然之势，而阴阳五行之气运乎其中，所谓：'动则生阳，静则生阴，一动一静，互为其根'。是所谓：'阳中有阴，阴中有阳。'此即太极拳之本然。"

"练太极拳之步骤有三层功夫：第一步，学时宜慢，慢不宜痴呆；第二步，习而后快，快不可错乱；第三步，快后复缓，是为柔，柔久刚自在其中，是为刚柔相济。"（此一则

为陈复元语）

（十一）窜奔跳跃，忽上忽下

"青龙出水是直进平纵法，左足随右足向前飞纵，裆中会阴、长强劲随顶劲上提，前纵如灵猫扑鼠，纯是精神，又虚又灵。"

"引蒙：指裆捶下紧接青龙出水，二势夹缝中先将右肩松下，右半个身随之俱下，下足再泛起来往前纵，其未纵时右手捶如绳鞭穗欲往前击，先向后收，然后从后翻上向前绕一大圈击去，身亦随之前纵。其纵之诀，前面手向前领，后面右足之隐白、大敦、厉兑、窍阴、侠溪，皆用劲。劲由足底过涌泉至足踵翻上去，逆行而上，窬委中、殿门、承扶、环跳，斜入扶边，上行越魂门、魄户，至附分，再斜上行，由曲垣窬小海，斜入支沟、阳池，沿路翻转。将手展开，束住五指，右手领身纵向前去，左脚用力往下一蹬，随右手皆至于前，左手亦随身至前，脚落地后左手落于右乳前停住。

"内劲：右半身皆用右转劲（右转即顺转，从里往外转），右手用缠丝劲由腋上行，从里向外斜缠至指肚，右足亦用缠丝劲顺缠至大腿根，上行与扶边相会，一齐上行至附分，分行至腋，斜缠至指肚；左手左足须用倒转劲，而后才能随住右手右足转圈前纵之，本全由于心，心劲一提，上边顶劲领住，中间丹田劲发，上行偏于右半身，下边两足，右足用跃法，右足掌用力后蹬；未纵以前，全是蓄劲，聚精会神，团结其气；方纵之时，纯是向前扑劲，一往直前；右手带转带进，如鹞子扑鹌鹑、苍鹰捉狡兔一样，其志专，其神凝，其进速，其气（气即魄力）稳。玉女穿梭平纵身法，此亦平纵法，愈远愈好，要皆本自己力量为之，必得优游气象，勿露努张之气方好。"

"其内劲发源最远，由仆参逆行而上，逾背后至附分，以至右指。"

"玉女穿梭是顺转平纵法。……其进如风，……手法、步法、转法，愈快愈好，……上虽凭手，下尤凭足，足快尤显手快之能，……自起势以至终势，右手足虽是顺缠法，而周身法皆是倒转劲，连三赶进，皆是进步。至于内劲，自顶劲以至足五趾，法皆与前同，始终以右手右足为主，而以左手左足佐之。右手顺转，左手必是倒转，缠丝劲即道也者不可须臾离也。右手以转大圈为式，功久自然小方好。"

"此势是大转身法，上承野马分鬃下来，右手趁其在下之势，不容少停，即以右手用缠丝劲从下握上，沿路斜形飞风向东去，指如钢锥，亦全赖右足在后随住右手，亦用顺缠丝劲就住上势，大铺身法，尽力向东连进三大步，方够一大圈约八、九尺许。尤在顶劲提好，裆劲不得满足，身随右手如鸷鸟疾飞而进，莫能遏抑，步落粘地即起。"

"玉女穿梭已成之式，似与揽擦衣大同小异，然其实大不相同，彼则身不转动，专心运其右手右足，其气恬，其神静；兹则连转身带运手足以防身御敌，且以快为事，故其气猛，其神忙，非平素实有功夫，临事以气贯其上下全体者，不能获万全。何也？盖以出入广众之中，以寡敌众，旁若无人，惟天生神勇，其胆正，其气刚，其练习纯熟，故披靡一切裕如也。"

"转引转击出重围，宛同织女弄织机，此身直进谁比迅，一片神行自古稀。"

"二起腿是上跃法，……何谓二起，左右二脚相继一齐离地四、五尺而跃起也，故名踢二起。……然必左足先用力狠上踢，而后右脚始踢高，脚面要平，二起纯是用全体升提法，身法心劲往上一提，全身精神振奋，皆往空中耸跃，右足能高头顶方合式。身随顶劲用力往上纵，愈高愈好，有纵过头顶者，非身轻力大不能。……上身向上纵，下身愈得用力随之上纵，其纵之法，必左右足用力先往下一蹬，足蹬愈重，则身起愈高。"

"心劲一领起来，而五官百骸皆随之而起。"

"二足连环起，全身跃半空。"

"中气提来膂力刚，连环二起上飞扬。"

"何谓跌岔？身从空中跌下，两腿岔开，方为跌岔。此图左腿展开，右腿屈住，此为单跌岔；以双跌岔非用纵法不能起来，不若单跌岔只用左足踵往前一合，右膝往外一开，右足踵用力一翻，即遂起遂落，较之稍易，故用之亦能制胜；且今之拳家皆如此，姑从之。"

"跌岔与二起回顾照应，二起从下而上，飞向半空；此则由半空而下，两腿着地。天然照应，不做牵合，此古人造拳法律之严如此。"

"上惊下取君须记，左足擦地蹬自利。"

"不是肩肘能破敌，一足蹬倒凤凰台。"

"若非此身成铁汉，掷地何来金石声。"

"解围即在一蹬中，非有大功夫，不能以一足胜人也。"

"蹬一跟：吾以左脚踢敌，敌以右手捋住吾脚，欲扭转吾脚，令吾疼痛扑地，或上提吾脚欲吾全身离地而后颠起打之。吾即顺势倒转两手捺住地，而以右足顺住左腿逆行而上，蹉敌人搦吾左脚之右手，难即解矣。或又以敌人搦吾左脚，吾即以右脚蹬敌人右肘尖或蹬其手节，皆可解之。此是蹬一跟之大略。"

"人来蹬吾，吾即以左脚往后退一步，以防蹬吾鸠尾与承浆以下至咽喉。"

"然慎之于蹬之之时则已晚，不若慎之于上势将踢之时，视其可踢则踢之，不可踢则不踢，不可妄用其踢也。"

"即有隙可乘，踢贵神速，不贵迟缓；贵踢关紧穴俞，不贵踢宽髀厚肉不着痛痒处，此要诀也，踢者须知。"

"野马分鬃势：两手握地转如飞，中间一线贯无倚。两手擦地而上，上下全体皆能顾住；中气上自百会穴，下贯长强穴，如一线穿成。两手如两个圆环，互相上下，更迭而舞，其刚莫折，其锐无比，其转无间，故能御敌。"

"铺地锦势与跌岔相呼应，跌岔悬空直下，右脚跺地如金石声，以跺敌人之足，左足蹬人臁骨，可破其勇，右手展开胳膊握地而上，左手前冲以推敌人之胸；此则以髀股后坐坐人之膝，右手拳屈有欲前击意，左腿展开如不得胜，两手右向捺地，用扫堂鞭以扫群敌下臁，则难自解。此以同类相呼应者如此。又与金鸡独立相呼应，金鸡独立左腿竖起，此则左腿横卧，金鸡右膝膝人，此亦以右膝屈住，金鸡独立左手下垂，右肱向上伸，此则右手屈住，左手向上冲，故以上下相呼应。又与二起相呼应，二起身飞半空，此则身落地面，故亦以上下作呼应。"

"前后左右，上下四旁，转接灵敏，缓急相将，高擎低取，如愿相偿。……上行下打，断不可偏，声东击西，左右威宣。……横竖颠倒，坐立卧挺，前俯后仰，奇正相生，回旋倚侧，攒跃皆中（皆有中气放收，宰乎其中）。"

"足随手运，圆转如神，忽上（手足向上）忽下（手足向下），或顺（用顺缠法，其劲顺）或逆（用倒转法，其劲逆）。"

"倒卷肱是退行以避左右；白鹤亮翅是右引左击，兼上引下击法；搂膝拗步是六封（上下，前后，左右皆封住门），四避（四避是东西南北四方令人无隙可攻）；闪通背是前闪（后往前闪）、后滑（是后面捺不住，强捺则滑而跌之）进击法；揽擦衣与单鞭皆是一引一进（此进字是进而击之）法；运手是左右一引一进击法；高探马是左肱背折肘法；左右插脚是下体前攻裆法；中单鞭是左右上下手足并击法；击地捶是攻下法，身后兼滑跌法，诀窍以两腰之中两肾之间命门为上下体之关键枢纽，关键上下皆是倒转劲，身带侧棍住，右后胁向上，左后胁向下，裆劲下好，足踏稳，人遭著背后，身即扭转，愈速愈好，能遵足法，则人身一滑跌倒矣。踢二起与踢一脚、蹬一跟是倒转大转身法，兼以两足上攻法（手当足用，足当手用也）；演手捶、小擒打是前攻克上下法；抱头推山是逆转（谓身也）进推法；单鞭是顺转（顺转也是谓身法）左右引击法。

"以上数十势是以一人敌数十人大战也；至于避敌之法，不越上下两旁，哪面紧先解哪面围；一齐来者，中气一动，即令一齐皆散，非有功夫不能。"

（附注：以上所提各拳式，均是陈式太极拳老架的拳式，录之以供参考）

（十二）刚柔俱泯，一片神行

"运动之功久，则化刚为柔，练柔为刚，刚柔得中，方见阴阳。故此拳不可以刚名，亦不可以柔名，直以太极之无名名之。"

"当其静也，阴阳所存，无迹可见；及其动也，看似至柔，其实至刚；看似至刚，其实至柔。刚柔互运，无端可寻。"

"太极理循环，相传不计年，此中有精义，动静皆无偏……开合原无定（活泼泼地），屈伸势相连（却有一定）。太极分阴阳，神龙变无方，天地为父母，摩荡柔与刚，生生原不已，奇正不寻常。乾坤如橐籥，太极一大囊，盈虚消息故，皆在此中藏。至终复自始，一气运驰张，有形归无迹，物我两相忘。"

"阖辟刚柔顺自然，一扬一抑理循环。"

"终而复始，始而复终，唯始与终，循环不穷。"

"太极不过阴阳之浑沦耳。……泯然声臭之俱无,纤巧悉备者,化工也。浑乎雕刻之不作。"

"一来一往运一周,上下气机不停留。"

"天机活泼,浩气流行,动静缓急,运转随心。……至疾至迅,缠绕回旋,离形得似,何非月圆。精练已极,极小亦圈。"

"纯乎天则打拳皆随天机动宕,莫非自然而然,活泼泼地,太极原象,皆从吾身流露。"

"人身处处皆太极,一动一静俱浑然。"

"至虚至灵,一举一动,俱是太极圆象。"

"圆转自如,浑浩流行,绝无滞机,每势完仍归到浑然一太极气象,绝无迹象可寻,端绪可指。"

"打拳熟而又熟,无形迹可拟,如神龙变化,促摸不住,随意举动,自成法度,莫可测度,技至此,真神品矣。太极之理,发于无端,成于无迹,无始无终,活盘托出,噫!观止矣!拳虽小道,所谓即小以见大者,盖以此拳岂易言哉!"

"故吾身之运行或高或低,或反或正,且忽迟忽速,忽隐忽现,或大开而大合,忽时行而时止,莫非一片灵气,呈于色象,真如鸢飞鱼跃,化机活泼,善观拳者必不于耳目手足之鼓舞于迹象间者深嘉赏也。故学者必先研其理,理明则气自生动灵活,非气之自能生动录活,实理使之生动灵活也。知此而后可与言内劲。如第以由内发外者为内劲,此其论犹浅焉者也。"

"诚于中,形于外,千变万化自无穷,火候到纯青,法密理精,浑身轻灵,左右拿出应应应。"

"脚踢拳打下乘拳,妙手无处不浑然,任他四周都是敌,此身一动悉颠连。我身无处非太极,无心成化成珠圆,遭着何处何处击,我亦不知玄又玄。"

"一气旋转自无停,乾坤正气运鸿蒙,学到有形归无迹,方知玄妙在天工。"

（十三）培养本元，勤学苦练

"任说千言万语，举莫若清心寡欲，培其本原，以养元气，身本强壮，打拳自胜人一筹。"

"用功各因自己力量运动，其遍数一遍可，十遍亦可，不拘遍数；有力尽管运动，无力即止，不必强为运动，以致出乎规矩，惟顺其自然则得矣。"

"每一势拳，往往数千言不能罄其妙，一经现身说法，甚觉容易，所难者工夫，所尤难者长久工夫。谚有曰：'拳打万遍，神理自现'信然。"

"空耍拳势，原无定格。……平居耍拳，不可不守成规，亦不可拘泥成规，是在学者能善用其内劲。至于形迹，或为地势所限，随其地势斟酌运有可也。"

"自初势至末势，所图者皆有形之拳；惟自有形造至于无形，而心机入妙，终归于无心而后可以言拳。可见拳在我心；我心中天机流动，活泼泼地触处皆拳，非世之以拳为拳者比也。此是终身不尽之艺，非知之艰，行之惟艰。所图之势皆太极中自然之机。……千变万化，错综无穷，故终身行之不能尽。学者勉之。"

"拳当功力既熟，端正恭肃，敬其所事，不敢自满。……不矜不张，局度雍容，虽曰习武，文在其中矣。"

"孟子曰：'大匠诲人，必以规矩。'规矩者，方圆之至也。以之诲人是则大匠所能也，至于巧，大匠不能使，惟在学者。苟至于巧，则是遵规矩而不泥规矩，脱规矩而自中规矩。而要志不可满。谚有曰：'天外还有天，一满即招损。'"

"或者曰：'此拳不能打人。'不能打人只是功夫不到，若是功夫纯熟，由其大无外之圈，造到其波动我内之境，不遇敌则已，如遇劲敌，则内劲猝发，如迅雷烈风之摧枯拉朽，孰能当之。"

"今之学者未用功而先期效，稍用力而期成，其如孔子所谓先难后获何？问：工夫何以用？必如孟子所谓必有事焉而勿正，心勿忘，勿助长也而后可。理不明，延明师，路不清，访良友。理明路清而犹未能，再加终日乾乾之功，进而不止，日久自到。问：得几时？小成则三年，大成则九年，至九年之候，可以观矣。抑至九年之后，自然欲罢不能，蒸蒸日上，终身无住足之地矣。神手复起，不易吾言矣。躁心者其勉诸。"

"人言此艺别有诀，往往不肯对人表，吾谓此艺无甚奇，自幼难以打到老。打到老年自然悟，豁然一贯神理妙。回头试想懒惰时，不是先知未说到，说到未入我心中，我心反觉多烦恼。天天说来天天忘，有心不用何时晓？有能一日用力寻，阴阳消长自有真。每日细玩太极图，一开一合在吾身，循序渐进工夫长，日久自能闻真香。只要功久能无间，太极随处见圆光，此是拳中真正诀，君试平心细思量。"

"人人各具一太极，但看用功不用功，只要日久能无懈，妙理循环自然通。"

十一、界限

陈鑫

何谓界限？凡分茅胙土，设官分职，以及动静语默，莫不各有界限。一逾分，一失言，即过界。过界于人有干涉矣。凡事如此，况拳乎？如人之行步，尽足可开二尺五寸，此勉强为之，非天然也。天然者，随便行步，约不过尺一二寸。上体之手与下体之足趾齐，此即是界限。大约胳膊只展四五分，内精只用一半，足步只开尺余。如此，则一身之上下左右，循环周转，无不如意。

盖动不越界，如将士在本界内，山川地理，人情风俗，一一了亮于心。故进攻退守，绰有余地。一入他人界里，处处更得小心防护，稍有不密，即萌失败之机。此君子所以思不出其位也。

打拳原为保身之计，故打拳之时，如对敌人，长进愈快。然又恐启人争斗之心，故前半套多言规矩，不言其用。至后半套，方始痛快言之，以示其用之之法。然第可知之，不可轻试。如不获，已为保性命计，用之可也。大约此拳是个人自耍之势。徒手空运，非有敌人在其前后左右也。自己下功夫，遍数愈多愈好。根末固而枝叶荣，况卫生保命之道，莫善于此。学者但先难可也。至于后获，则当置之度外，不可以毫发望效之念中，分吾专心致志之功。金针已渡，学者勉哉。

十二、子明论拳

陈子明

先严讳复元，字旭初，初学于耕耘公，功成后复从仲甡公习新架，故发手能柔如绵，坚如钢，往来口外数十年，未遇敌手。子明少小侍侧，习闻拳理，兹就记忆所及者笔述一二，以成本篇，固陋如余，未能道其万一也。

（一）开合与阴阳

动为阳，静为阴，一动一静，即为开合，阴变阳为开，阳变阴为合，此就太极拳之全体而言也。以运化而言，左手领左半身，向左方运化者，开为太阳，合为太阴。右手随之而开者为少阳，合为少阴，右方亦然。刚柔即包于其中，故太极生两仪，两仪生四象。两仪者，阴阳也。亦即开合也。四象者，太阳、太阴、少阳、少阴是也。阴阳开合，互相化生，得其极致，则浑元一气，循环无端，变动莫测，是以不明阴阳开合者，即不明刚柔动静之互相为用。偏刚偏柔，不能相济，则去太极拳之根本远矣。又吾师品三先生谓："练拳之道，开合二字尽之，一阴一阳之谓拳，其妙处在互为其根而已"，有一诗云："动则生阳静则生阴，一动一静互为根，果能识得环中趣，辗转随意见天真。"又云："阴阳无始亦无终，往来屈伸寓化工，此中消息其参透，太极只在一环中。"

（二）运化转关

运化为转关之先机，关即人之周身六节，故转关亦曰转节。凡初学之人，多尚拙力，而无灵劲，故以运化去其滞气，使转关达于虚灵，盖虚灵则有以聚，灵则有以应。虚者集，灵则感；集者静，感者动；起落旋转，开合变化，不能离乎运化转关。所谓运化转关者，即由柔筋活节，而至接骨斗笋，苟不如此，即不足与言动静之虚灵者也。

（三）虚实

太极拳动静瞬息之间，无不有虚实。故其练法中之前进、后退、左旋、右转，以举足为虚，落足为实，向左则左实，向右则右实，前进则后虚，后退则前虚，倘虚实不分，必犯抽脚拔腿之弊，精而求之，则一处有一处虚实，练时如是，对待敌人时，亦复如此，彼虚则我实，彼实则我虚，虚则实之，实则虚。临敌乘机，切勿拘泥定法，斯为得其要谛。

（四）变化

变化者，有一手之变化，有一着之变化，有一势之变化，然无论一手、一着、一势，其变而能化，皆由简单渐至详密。以开合为一手之变化，以转关为一着之变化，此即上传下接之义。惟身法、步法，旋转紧凑，方向之变，皆属一势之变化也。由开展至于紧凑，切莫逾乎范围，乱其顺序，自能积手为着，着合为势，势联成套。始练似觉有界，久练功夫娴熟，自能豁然贯通，运转自如，千变万化，随心所欲矣。

（五）步骤

先哲有言："物有本末，事有终始，知所先后，则近道矣。"如无深浅之别，先后之序，即是失却根本，无论教者本领若何高强，学者定不能艺超于众。故练太极拳术之步骤有三层功夫：第一步，学时宜慢，慢不宜痴呆。第二步，习而后快，快不可错乱。第三步，快后复慢，是为柔，柔久刚自在其中，是为刚柔相济。教者必由是而教，学者亦必由是而学，则庶乎无差忒矣。

练太极拳术者，固愈慢愈柔为好，不宜用力带气，又必须知至何时可以换劲，及慢至何时可以速，柔至何时可以刚，此于教授之责攸关，宜从事解释其发端而至于究竟，继则实施于法，俾易知用途之次序，为入门之阶梯，如能预定进度，因人施发，使学者精神焕发，兴趣环生，自必易得门径，进步迅速。

（六）腰裆之开合

练太极拳者，对于腰裆两部之要点，不可不知，一开一合，一动一静，腰裆各有专注，且贵互用，故宜分析明白。

腰之要领曰：拧腰、活腰、塌腰。

裆之要领曰：松裆、合裆、扣裆。

拧腰时，裆须扣，不扣则散。活腰时，裆须松，不松则滞。塌腰时，裆须合，不合则浮。凡塌腰合裆者为蓄劲，活腰松裆者为柔劲，惟出劲时须扣裆拧腰。

兹以各势各着说明之：如拳式中之掩手捶、披身捶、青龙出水、肘底看拳、闪通背、青龙戏水、二起式、踢一脚、蹬一跟、小擒拿、抱头推山、前招、后招、野马分鬃、玉女穿梭、摆脚跌岔、十字脚、指裆捶、真龙搅水、摆脚、当头炮等，均属扣裆拧腰。金刚捣碓、懒扎衣、单鞭、白鹤亮翅、搂膝拗步、收式、合式等，均属松裆合腰。

凡姿势成时裆宜合，腰宜塌，其义主静，即本着已停，下着未作，虚灵劲预蓄其中，动则必变必发，故其功效无量。其时间及所趋方向，不可预定，遇左则左应，遇右则右应，上下、前后、刚柔、缓急、轻重，悉如之。

（七）太极拳之圈

闻诸先严，太极功夫，以没圈为登峰造极，非一蹴可几，必须循序渐进，由大圈收至小圈，小圈收至没圈，复以内劲为其统驭，联贯变化，运用神妙，技至于斯，形式上无从捉摸之矣。

（八）太极拳要点

余缀父师之言，成太极拳要义三篇，又恐初学者，不能得其要领，不嫌烦复，谨举其要点，以为初步研究者参考。

①性质。太极拳之性质，吾师品三公虽言："刚中寓柔，柔中寓刚，刚柔相济，运化无方"，此言成手时之功夫也。初学宜以自然柔活为主，柔宜松，活宜领，柔而不松，活而不领，即不自然，安能致坚刚于将来哉？

②方法。太极拳之方法，其最主要者为："虚实开合，起落旋转"八字，初学宜辨别清楚。

③程序。习太极拳之程序，须先慢后快，快后复缓，先柔后刚，然后刚柔始能相济。

④姿势。动作停止时之架式曰姿势，太极拳姿势之要领，不外乎手领眼随，身端步稳，肩平身合，尤须注意顶裆两部之劲，无使有失，否则必致上重下轻，周身歪斜，站立不稳之病百出矣。

⑤动作。太极拳之动静作势，纯任自然，运化灵活，循环无端，要知其虚实开合，起落旋转，俱从圆形中来，凡初步入门，以大圈为法，始则柔筋活节，进则接骨斗榫。学者诚明乎此，身作心维，朝斯夕斯，精而求之，进步自速。

⑥呼吸。呼吸调气，足以发达肺部，若于早晨呼吸后，练习拳术，或在练拳时有相当之呼吸，随其动静吐纳以调气，则筋肉与肺部，必同时发育，自无肺弱之患。

⑦精神。太极拳之精神，以虚灵为极致，初习者固不能达此境界，然能守所举要点，锲而不舍，久久自能水到渠成。

⑧周身相随。四肢百骸协同动作，此谓之周身相随，故太极拳一动无有不动，一静无有不静。

⑨变着转势。太极拳之变着与转势,原属两解:一前着已停,下着未作,其中间之动作成一势名曰变着,如懒扎衣下练之右合式,又如搂膝拗步下练之右收式,野马分鬃、玉女穿梭前之两个左收式,均为变着。二此着一停,要作下着中间之一动作,名曰转势,如单鞭以下之左转,又如掩手捶以下之右转等动作,均属转势,切须辨别明白。

⑩身作心维。语曰:"口诵心维",读书且如此,况习武乎?故身而作,心而维,实属最易使人进步之一法。太极拳之身作心维,至要者曰:身宜作其圆活,心宜维其虚灵。

⑪无贪无妄。习太极拳最忌贪多,尤戒妄动,凡运用与姿势,均须求其正确,庶练成后不致犯病,而精进自易,若贪若妄者,成就终鲜,此弊初学,十九难免,切宜注意。

十三、擖手拳论

陈鑫

(一)擖手论集录

"粘连黏随,会神聚精,运我虚灵,弥加整重。……细腻熨贴,中权后劲。"

"不即不离,不沾不脱,接骨逗榫,细心揣摩。"

"乾刚坤柔,阴阳并用;不偏不倚,无过不及。"

"不先不后,迎送相当,前后左右,上下四旁,转接灵敏,缓急相将。"

"神以知来,智以藏往。"

"两手转来似螺纹,一上一下甚平均,全凭太极真消息,四两拨动八千斤。"

"中气贯足,切忌先进,浅尝带引,静以待动。"

"阖辟动静,柔之与刚;屈伸往来,进退存亡。一开一合,有变有常;虚实兼到,忽见忽藏。健顺参半,引进精详;或收或放,忽弛忽张。"

"内以诚心商榷,外以柔顺之气引人之进,是以刚气伏于柔中也。"

"我之交敌,纯以团和气引之使进。"

"不可使硬气,亦不可太软,折其中而已。"

"又半引半进,带引带进,即引即进,以引为进,阴阳一齐并用,此所谓:道并行而不悖。非阴阳合德,不能心机一动手即到,快莫快于此。""其半引半进之法,肘以上引之使进,手以下劲往前进,胳膊背面为阳,里面为阴,则是阳引阴进之法,非互为其根不能。"

"手用引劲引开敌人之手,须用缠丝劲引之,令其立脚不稳。"

"伸中寓屈何人晓,屈内寓伸识者希。"

"徐徐引进人莫晓,渐渐停留意自深,右实左虚藏戛击,上提下打寓纵擒。"

"先引后进人谁识,太极循环一圈圆。"

"引进落空最为先。"

"敌以手来,我以手引,即引即打,非既引之后而后击之,于此足证阴阳互为其根之实。"

"引进之劲说不完,一阴一阳手内看,欲抑先扬真实理,击人不在着先鞭。"

"两人手交,我守我疆,不卑不亢,九折羊肠;不可稍让,如让他人,人立我跌;急与争锋,能上莫下,多占一分,我居形胜。"

"来宜听真,去贵神速。"

"至疾至迅,缠绕回旋。"

"力贵迅发,机贵神速,一迟即失败,一迅疾即得势。"

"进如疾风吹人,电光猛闪,愈速愈好。"

"发手要快,不快则迟误;打手要狠,不狠则不济。"

"势如手推山岳,欲令倾倒,……顶劲领好,腰劲下好,裆劲撑圆,足底用力踏地,膀力用到掌上,周身力气俱注于左右手掌上,推时力贵神速,纵不能推倒,亦可令其后退数步。"

"人来感我,不肯轻放过我;我之感人,岂肯轻放过人?势必至用全身力和欲推倒山岳之势以推。"

"此身有力须合并,更须留心脊背间。"

"炼就金刚太极尊,浑身合下力千斤。"

"然非徒以气大为之,而实以中正元气运转催迫,令其不得不倒退,且以引进击搏之术,行于手足之中,又使不能前近吾身。"

"心手眼足一气,敌被我擒预定。"

"柔中寓刚,人所难防。"

"虚笼诈诱,只为一转。"

"陡然一转人不晓。"

"转引转击,……一片神行。"

"欲刚先柔,欲扬先抑,太和元气,浑然中伏。"

"中气运于心,一发莫比毒;何况进如风,疾迅谁能敌?形骸与人同,用法只我独。不是别有方,只为中气足。"

"但凭得周身空灵,一缕中气随势扬。"

"拳者,权也。所以权物而知其轻重者也。然其理实根乎太极,而其用不遗乎两拳,且人之一身,浑身上下都是太极,即浑身上下都是拳,不得以一拳目拳也。"

"眼力手法兼身法,粘着何处何处动。"

"精神团聚周身健,旋乾转坤手内存。"

"功久则灵,其灵无比,依著即知,自然有应,不即不离,粘连黏随;如蝇落胶,有翅难飞此中之妙,微乎其微。"

"若是功夫纯熟,由其大无外之圈,造到共小无内之境,不遇敌则已,如遇劲敌,则内劲猝发,如迅雷烈风之摧枯拉朽,孰能当之!"

"即擒即纵缠丝劲,须于此内会天机。"

"问:要拳缠丝劲作何用?盖硬与人直接者则人易躲闪,易离去,唯以柔接之,则人易其柔软而心不悔人不惧,心不惧住人身,则人不能躲闪;躲则以手跟之,如漆胶粘硬物,物自不能躲闪,离则以缠法缠绕其肱,如蜘蛛以丝缠蝇,又如已上之螺丝,欲硬拔去不得。故未粘住人之肱则已,如既粘住,则吾以缠丝法捻住其肉,跌而绕之、粘之、连之、黏之、随之,令其进不得进,进则前入坑坎;退不得退,退则恐我击搏,故不敢硬离去。此缠丝劲之在拳中最为紧要妙诀也。"

"至成时,敌人怎来怎应,不待思想,自然有法。……但依着何处,即何处(此是本地风光,最难最难)引而击之,时措咸宜,莫名其妙,真不思而得,不勉而中也。然而未成者不能也。

问:要到何时算成?曰:此中层级,终身阅不尽。但以目前粗者言之,大成则九年,小成则七年,至于精妙,亦终身不尽之学。"

"先合者以合打之,后开者以开打之,手足无在非转圈之时,即无在非打人之地,……吾岂有心打人哉!吾自打吾拳,亦行所无事而已矣。拳至此,艺过半矣。"

"拳术家创立缠丝劲法,默行乾坤不息之螺旋线,循环无端,神妙万物,其至命矣夫,技艺云乎哉!"

(二)搭手十六目

(1)较(较,是较量高低)
(2)接(接,是两人手相接也)

（3）沾（沾，是手与手相沾，如"沾衣欲湿杏花雨"之沾）

（4）粘（粘，如胶漆之粘，是人既沾我手，不能离去）

（5）因（因，是因人之来）

（6）依（依，是我靠住人身）

（7）连（连，是手与手相接连）

（8）随（随，是随人之势以为进退）

（9）引（引，是诱之使来，牵引使近于我）

（10）进（进，是令人前进，不使逃去）

（11）落（落，如落成之落，詹水下滴于地；又如叶落于地）

（12）空（空，宜读去声，人来欲击我身，而落空虚之地）

（13）得（得，是我得机，得势）

（14）打（打，是机势可打，乘机打之）

（15）疾（疾，是速而又速，稍涉延迟，即不能打，机贵神速）

（16）断（断，是决断，一涉犹疑，便失机会，过此不能打矣）

（三）搊手三十六病

（1）抽（抽，是进不得势，知己将败，欲抽回身）

（2）拔（拔，是拔去，拔回逃走）

（3）遮（遮，是以手遮人）

（4）架（架，是以胳膊架起人之手）

（5）搕打（搕打，如以物搕物而打之）

（6）猛撞（猛撞者，突然撞去，冒然而来，恃勇力向前硬撞，不出于自然，而欲冒然取胜）

（7）躲闪（躲闪者，以身躲过人手，欲以闪赚跌人也）

（8）侵凌（侵凌者，欲入人之界里而凌压之也）

（9）掔（如以刀斫物）

（10）搂（搂者，以手搂人之身）

（11）冒（冒者，将手冒下去）

（12）搓（搓者，如两手相搓之搓，以手肘搓敌人也）

（13）欺压（欺是哄人，压是以我手强压住人之手）

（14）挂（挂，是以手掌挂人，或以弯足挂人）

（15）离（离，是去人之身，恐人击我）

（16）闪赚（闪赚者，是诓愚人而打之）

（17）拨（拨，是以我手硬拨人）

（18）推（推，是以手推过一旁）

（19）艰涩（艰涩，是手不熟成）

（20）生硬（生硬者，仗气打人，带生以求胜）

（21）排（排，是排过一边）

（22）挡（挡，是不能引，以手硬挡）

（23）挺（挺者，硬也）

（24）霸（霸者，以力后霸也，如霸者以力服人）

（25）腾（腾，如以右手接人，而复以左手架住人之手，腾开右手，以击敌人）

（26）拿（拿，如背人之节以拿人）

（27）直（直，是太直率，无绵缠曲折之意）

（28）实（实，是质朴太老实，则被人欺）

（29）勾（勾，是以脚勾取）

（30）挑（挑者，从下往上挑之）

（31）掤（掤，以硬气架起人之手，非以中气接人之手）

（32）抵（抵，是硬以力气抵抗人）

（33）滚（滚，恐已被伤，滚过一旁，又如圆物滚走）

（34）跟头棍子（跟头棍是我捺小头，彼以大头打我）

（35）偷打（偷打者，不明以打人，于人不防处偷打之）

（36）心摊（心摊者，艺不能打人，心如贪物探取，打人必定失败）

以上三十六病，或有全犯之者，或有犯其四、五，或有犯其一、二者，有犯干处皆非成手。手到成时，无论何病，一切不犯，益以太和元气，本无乖戾故也。然则搁手将如之何？亦曰："人以手来，我以手引之使进，令其不得势击，是之谓走；走者，引之别名。何以既名引，又名走？引者，诱之使进；走者，人来我去，不与顶势，是之谓走。然走之中，自带引进之劲（功纯者引之使进，不敢不进，进则我顺人背而擒纵在我），此是拳中妙诀，非功久不能。

（四）搁手歌二首

（一）

掤捋挤按须认真，引进落空任人侵，
周身相随敌难近，四两化动八千斤。

（二）

上打咽喉下打阴，中间两胁并当心，
下部两臁并两膝，脑后一掌要真魂。

十四、太极拳经谱

陈鑫

太极两仪，天地阴阳，阖辟动静，柔之与刚。
屈伸往来，进退存亡，一开一合，有变有常。
虚实兼到，忽见忽藏，健顺参半，引进精详。

或收或放，忽弛忽张，错综变化，欲抑先扬。
必先有事，勿助勿忘。真积力久，质而弥光。
盈虚有象，出入无方，神以知来，智以藏往。
宾主分明，中道皇皇。

经权互用，补短截长。神龙变化，储测汪洋？
沿路缠绵，静运无慌。肌肤骨节，处处开张，
不先不后，迎送相当。前后左右，上下四旁，
转接灵敏，绕急相将。高擎低取，如愿相偿。

不滞于迹，不涉于虚。至诚运动，擒纵由余，
天机活泼，浩气流行。佯输诈败，制胜权衡，
顺来逆往，令彼莫测。因时制宜，中藏妙诀，
上行下打，断不可偏。声东击西，左右咸宣。

寒往暑来，谁识其端？千古一日，至理循环，
上下相随，不可空谈。循序渐进，仔细研究，
人能受苦，终跻浑然。至疾至迅，缠绕回旋，
离形得似，何非月圆。精练已极，极小亦圈。

日中则反，月满则亏。敌如诈诱，不可紧追，
若逾界限，势难转回。况一失势，虽悔何追？
我守我疆，不卑不亢，九折羊肠，不可稍让；
如让他人，人立我跌，急与争锋，能上莫下；
多占一分，我据形胜，一夫当关，万人失勇。
粘连黏随，会神聚精，运我虚灵，弥加整重。
细腻熨帖，中权后劲，虚笼诈诱，只为一转；
来脉得势，转关何难？宜中有虚，人己相参；

虚中有实，孰测机关？ 不遮不架，不顶不延，
不软不硬，不脱不沾，突如其来，人莫知其所以然，
只觉如风，摧倒跌翻，绝妙灵境，难以言传。

试一形容：手中有权，宜轻则轻，斟酌无偏；
宜重则重，如虎下山。引视彼来，进由我去；
来宜听真，去贵神速。一窥其势，一觇其隙，
有隙可乘，不敢不入，失此机会，恐难再得！
一点灵境，为君指出。

至于身法，原无一定，无定有定，在人自用。
横竖颠倒，立坐卧挺，前俯后仰，奇正相生。
回旋倚侧，攒跃皆中，千变万化，难绘其形。

气不离理，一言可罄，开合虚实，即为拳经。
用力日久，豁然贯通，日新不已，自臻神圣。
浑然无迹，妙手空空，若有鬼神，助我虚灵，
岂知我心，只守一敬！

十五、太极拳之练习谈

杨澄甫

中国之拳术，虽派别繁多，要知皆寓有哲理之技术，历来古人穷毕生之精力，而不能尽其玄妙者，比比皆是，学者若费一日之功力，即得有一日之成效，日积月累，水到渠成。

太极拳乃柔中寓刚、棉里藏针之艺术，于技术上、生理上、力学上，有相当之哲理存焉。故研究此道者，需经过一定之程序

与相当之时日,虽然良师之指导、好友之切磋,固不可少,而最紧要者,是在逐日自身之锻炼。否则,谈论终日,思慕经年,一朝交手,空洞无物,依然是门外汉者,未有逐日功夫。古人所为,终思无益,不如学也。若能晨昏无间,寒暑不易,一经动念,即举摹练,无论老友男女,及其成功则一也。

近来研究太极拳者,由北而南,同志日增,不禁为武术前途而喜。然同志中,专心苦练,诚心向学,将来不可限量者,固不乏人,但普通不免入于两途,一则天才既具,年力又强,举一反三,颖悟出群,惜乎稍有小成,便是满足,遂迩中辍,未能大受;其次急求速效,忽略而成,未经一载,拳、剑、刀、枪皆已学全,虽能依样葫芦,而实际未得此中三昧,一经考究,其方向动作,上下内外,皆未合度,如欲改正,则式式皆须修改,且朝经改正,而夕已忘却。故常闻人曰:"习拳容易改拳难。"此语之来,皆由速成而至此。如此辈者,以讹传讹,必致自误误人,最为技术前途忧者也。

太极拳开始,先练拳架。所谓拳架者,即照拳谱上各式名称,一式一式由师指教,学者悉心静气,默记揣摩,而照行之,谓之练架子。此时学者应注意内外上下:属于内者,即所谓用意不用力,下则气沉丹田,上则虚灵顶劲;属于外者,周身轻灵,节节贯穿,由脚而腿而腰,沉肩曲肘等是也。初学之时,先此数句,朝夕揣摩,而体会之,一式一手,总须仔细推求,举动练习,务求正确。习练既纯,再求二式,于是逐渐而至于习完,如是则毋事改正,日久亦不致更变要领也。

习练运行时,周身骨节,均须松开自然。其一,口腹不可闭气;其二,四肢腰腿,不可起强劲。此二句,学内家拳者,类能道之,但一举动,一转身,或踢腿摆腰,其气喘矣,其身摇矣,其病皆由闭气与起强劲也。

(1)摹练时,头部不可偏侧与俯仰,所谓要"顶头悬",若有物顶于头上之意,切忌硬直,所谓悬字意义也。目光虽然向前平视,有时当随身法而转移,其视线虽属空虚,亦为变化中一紧要之动作,而补身法手法之不足也。其口似开非开,似闭非闭,口呼鼻吸,任其自然。如舌下生津,当随时咽入,勿吐弃之。

(2)身躯宜中正而不倚,脊梁与尾闾,宜垂直而不偏;但遇开合变化时,有含胸拔背、沉肩转腰之活动,初学时节须注意,否则日久难改,必流于板滞,功夫虽深,难以得益致用矣。

(3)两臂骨节均须松开,肩应下垂,肘应下曲,掌宜微伸,手尖微曲,以意运臂,以气贯指,日积月累,内劲通灵,其玄妙自生矣。

(4)两腿宜分虚实,起落犹似猫行。体重移于左者,则左实,而右脚谓之虚;移于右者,则右实,而左脚谓之虚。所谓虚者,非空,其势仍未断,而留有伸缩变化之余意存焉。所谓实者,确实而已,非用劲过分、用力过猛之谓。故腿曲至垂直为准,逾此谓之过劲,身躯前扑,即失中正姿势。

(5)脚掌应分踢腿(谱上左右分脚或写左右起脚)与蹬脚二式,踢腿时注意脚尖,蹬脚时则注意全掌,意到而气到,气到而劲自到,但腿节均须松开平稳出之。此时最易起强劲,身躯波折而不稳,发腿亦无力矣,敌得乘机攻矣。

太极拳之程序,先练拳架(属于徒手),如太极拳、太极长拳;其次单手推挽、原地推手、活步推手、大捋、散手;再次则器械,如太极剑、太极刀、太极枪(十三枪)等是也。

练习时间,每日起床后两遍,若晨起无暇,则睡前两遍,一日之中,应练七八次,至少晨昏各一遍。但醉后、饱食后,皆宜避忌。

练习地点,以庭院与厅堂,能通空气,多光线者为相宜。但忌直射之烈风与有阴湿霉气之场所,因身体一经运动,呼吸定然深长，故烈风与霉气，如深入腹中，有害于肺脏，易致疾病也。

　　练习之服装，宜宽大之中服短装与扩头之布鞋为相宜。习练经时，如遇出汗，切忌脱衣裸体，或行冷水揩抹，否则未有不罹疾病也。

十六、用武要言（三三拳谱）

陈鑫

　　要诀云：捶自心出。拳随意发，总要知己知彼，随机应变。心气一发，四肢皆动。足起有地，动转有位，或粘而游，或连而随，或腾而闪，或折而空，或掤而捋，或挤而捺。

　　拳打五尺以内，三尺以外，远不发肘，近不发手，无论前后左右，一步一捶，遇敌以得人为准，以不见形为妙。

　　拳术如战术，击其无备，袭其不意，乘击而袭，乘袭而击，虚而实之，实而虚之，避实击虚，取本求末。出遇众围，如生龙活虎之状，逢击单敌，以巨炮直轰之势。

　　上中下一气把定，身手足规距绳束，手不向空起，亦不向空落，精敏神巧全在活。

　　古人云：能去，能就，能刚，能柔，能进，能退，不动如山岳，难知如阴阳，无穷如天地，充实如太仓，浩渺如四海，眩耀如三光，察来势之机会，揣敌人之短长，静以待动，动以处静，然后可言拳术也。

　　要诀云：借法容易上法难，还是上法最为先。

　　战斗篇云：击手勇猛，不当击梢，迎面取中堂，抢上抢下势如虎，类似鹰鹞下鸡场；翻江拨海不须忙，单凤朝阳最为强；云背日月天交地，武艺相争见短长。

　　要诀云：发步进入须进身，身手齐到是为真，法中有诀从何取？解开其理妙如神。

古有闪、进、打、顾之法：何为闪？何为进？进即闪，闪即进，不必远求。何为打？何为顾？顾即打，打即顾，发手便是。

古人云：心如火药手如弹，灵机一动鸟难逃。身似弓弦手似箭，弦响鸟落显奇神。起手如闪电，电闪不及合眸。袭敌如迅雷，雷发不及掩耳。

左过右来，右过左来。手从心内发，落向前面落。力从足上起，足起犹火作。上左须进右，上右须进左，发步时，足根先著地，十趾要抓地。步要稳当，身要庄重。去时撒手，着人成拳。上下气要均停，出入以身为主宰，不贪不歉，不即不离。

拳由心发，以身催手，一肢动百骸皆随。一屈，统身皆屈；一伸，统身皆伸；伸要伸得尽，屈要屈得紧。如卷炮卷得紧，崩得有力。

战斗篇云：不拘提打、按打、击打、冲打、膊打、肘打、胯打、腿打、头打、手打、高打、低打、顺打、横打、进步打、退步打、截气打、借气打，以及上下百般打法，总要一气相贯。

"出身先占巧地"，是为战斗要诀。骨节要对，不对则无力，手把要灵，不灵则生变。发手要快，不快则迟误。打手要狠，不狠则不济。脚手要活，不活则担险。存心要精，不精则受愚。

发身要鹰扬猛勇，泼辣胆大，机智连环，勿畏惧迟疑。如关临白马，赵临长板，神威凛凛，波开浪裂，静如山岳，动如雷发。

要诀云：人之来势，务要审察。足踢头前，拳打膊下，侧身进步，伏身起发。足来提膝，拳来肘拨，顺来横击，横来棒压；左来右接，右来左迎。远便上手，近便用肘，远便足踢，近便加膝。

拳打上风，审顾地形，手要急，足要轻，察势如猫行。心要整,目要清,身手齐到始成功。手到身不到,击敌不得妙;手到身亦到,破敌如摧草。

战斗篇云:善击者,先看步位,后下手势。上打咽喉下打阴,左右两肋并中心。前打一丈不为远,近打只在一寸间。

要诀云:操演时面前如有人,对敌时有人如无人。面前手来不见手,胸前肘来不见肘。手起足要落,足落手要起。

心要占先,意要胜人,身要攻人,步要过人,头须仰起,胸须现起,腰须坚起,丹田须运起。自顶至足,一气相贯。

战斗篇云:胆战心寒者,必不能取胜;不能察形势者,必不能防人。先动为师,后动为弟,能教一思进,莫教一思退。胆欲大而心欲小,运用之妙,存乎一心而已。一理运乎二气,行乎三节,现乎四梢,统乎五行。时时操演,朝朝运化,始而勉强,久而自然。

拳术之道学,终于此而已矣!

十七、陈式太极拳的五层功夫

陈小旺

练习太极拳同学生上学是同样道理,从小学到大学,逐步掌握越来越多的知识。没有小学、中学的文化基础,就接受不了大学的课程。学习太极拳也是一层一层由浅入深,循序渐进,如果违背了这个原则,结果是欲速则不达。学习太极拳从开始到成功,可分五个阶段,也称五层功夫。每层功夫都有一定的客观标志,表示功夫的现有水平,第五层功夫为最佳。

现将每一层功夫在练习中达到的标准和技击表现作如下介绍,目的是使广大太极拳爱好者了解自己的现有水平,知道还应进一步学习哪些东西,以利一步一步地进行深造。

第一层功夫

　　练习太极拳要求立身中正，虚领顶劲，松肩沉肘，含胸塌腰，开髋屈膝，达到心气下降，气沉丹田。而初学者一下子不可能掌握这些要领，但应按照逐式要求的方向、角度、位置、手足运行的路线等进行练习。因此，这一阶段对身体各部位的要求不必过于强调，适当地简化。如对头和上体要求虚领顶劲、含胸塌腰，第一层功夫只要求头自然端正，立身中正，不前俯后仰、左右歪斜即可，这和初学写字一样。只要笔画对就行。但练拳时，从肢体上看，动作僵硬，外刚内空，有猛打、猛冲、猛起、猛落，有断劲、顶劲，系正常现象，只要坚持每天认真练习，一般有半年时间即可熟练拳架，并且随着动作质量的提高，将会逐渐引起内气在肢体内的活动，即达到以外形引内气的阶段。由招熟而逐渐懂劲的过程，为第一层功夫。

　　第一层功夫在技击方面达到的效果是很有限的。由于动作不够协调，运动不成体系，姿势达不到标准，存在僵劲、断劲、丢劲、顶劲、拳架上有凹凸缺陷处，内气仅有感觉，不能一气贯通，发出来的劲，不是起于脚跟行于腿，主宰于腰，而是一节飞跃到另一节的零断劲。所以第一层功夫练拳适应不了技击。如与不会练武者较量，尚有一定灵活性，虽用不巧，但知道引进落空，有时偶然把对方发出，自己确难以保持身体的平衡。所以称为"一阴九阳根头棍"。何为阴阳?按练习太极拳来说：虚为阴，实为阳；合为阴，开为阳；柔为阴，刚为阳。阴与阳，是对立的统一、缺一不可，二者又可以互相转化，把二者按十份计算，练到阴阳相等，即为五阴五阳，这也是练习太极拳的成功标准。第一层功夫"一阴九阳"，刚多柔少，阴阳很不平衡，不能做到刚柔相济，运用自如。所以，在第一层功夫期间，对逐势的技击含义不必追求。

第二层功夫

从第一层功夫末期，有内气活动的感觉开始至第三层功夫的初期，为第二层功夫。第二层功夫是进一步克服练拳时身体内外产生的僵劲、丢顶和动作不协调的现象，使内气按照拳架动作的要求有规律地在体内运行，达到一气贯通，内外协调一致。

完成第一层功夫，已经能够熟练地按逐势动作初步的要求来练习，有了内气活动的感觉，但还不能掌握内气在体内运行，其原因主要有二：其一，对身体各个部位的具体要求和互相配合的关系皆未准确地掌握，如含胸过度则弯腰弓背，塌腰过度则挺胸凸臀，因此必须进一步严格地要求，准确地掌握身体各个部位的要求和相互之间的关系，解决矛盾，使之统一起来，达到周身相合（即内合和外合。内合——心与意合、气与力合、筋与骨合，外合——手与足合、肘与膝合、肩与髋合），内外俱开，同时开中寓合，合中寓开，一开一合，开合相承。其二，在练拳当中出现顾此失彼的现象，即某个部位动作较快，过了，产生顶劲；某个部位动作较慢，不及，产生丢劲，二者皆违背了太极拳的运动规律。陈式太极拳要求一举一动都不离缠丝劲。拳论中说："缠丝劲发源于肾，处处皆有，无时不然"。在练习太极拳的过程中，严格掌握缠丝法（即缠绕螺旋的运动方法）和缠丝劲（即用缠丝法练出来的劲），需在松肩沉肘、含胸塌腰、开髋屈膝等要求下，以腰为轴，节节贯串。手往里旋转；以手领肘，以肘领肩，以肩领腰（指的是该侧的腰，实质上还是以腰为轴）；手往外旋转，以腰催肩，以肩催肘，以肘催手。表现在上肢是旋腕转膀，表现在下肢是旋踝转腿，表现在躯干是旋腰转脊，三者结合起来，形成一条根在脚、主宰于腰而形于手指的空间旋转曲线。在练拳的过程中，如果感到某一动作有不得势或不得劲之处，就可以依据缠丝劲顺遂调整一下腰腿，以求得动作协调，这样即可使动作得到纠正。所以，在注意身体各部位的要求，使之周身相合的同时，掌握缠丝法和缠丝劲的运动规律，是第二层功夫练习过程中解决矛盾的手段和自我纠正的方法。

在第一层功夫期间，练拳者开始学拳架，架子熟练就能感觉到内气在身体内活动，于是很感兴趣，不会有厌倦之感。但有的进入第二层功夫，却感到没有什么新鲜之处，同时往往对要领产生误解，掌握不准确，练起来很别扭，或者有时候练得非常顺遂，发劲也是呼呼带风，但推手时却用不上，因此容易产生烦闷情绪，失去信心而中断。只有以百折不挠的精神，处处循规蹈矩，刻苦盘架子，把周身练成一体，一动全动，组成一个完整的体系，才能达到在运动中不丢不顶，任其变化、圆转自如。常言道：理不明，延明师，路不清，访良友；理明路通，持之以恒，终将成功。拳论中说："人人各具一太极，但看用功不用功。"又说："只要用功之久，而一旦豁然贯通矣！"一般需四年即可完成第二层功夫。达到一气贯通的程度，便会恍然大悟，此时练拳信心百倍，越练兴趣越高，欲罢不能。

第二层功夫初期的技击表现与第一层功夫的技击表现一样，实用价值不大。第二层功夫末期已经接近第三层功夫，尚有一定的技击作用。下面按照第二层功夫中期阶段的技击表现进行介绍（以下第三、四、五层都按中期阶段的技击表现进行介绍）。

推手和练拳是分不开的，练拳时存在什么问题，在推手时就会出现什么破绽，给对方以可乘之机。所以太极拳要求周身相随，切勿妄动。推手时要求"掤捋挤按须认真，上下相随人难侵，任他巨力来打我，牵动四两拨千斤"。第二层功夫是寻求内气贯通、调整身法、达到节节贯串的阶段，而调整身法的过程就是妄动，因而在推手时还无法指挥如意，对方会专门寻找这些薄弱环节，或者故意诱使你产生顶、匾、丢、抗的毛病而出奇制胜。因为推手时对方的进攻不会给你调整身法的时间，而是利用你的缺陷，乘隙而入，使你受力失重，或被迫退步，勉强地化去来力。当然，如果对方进攻速度较慢，劲力短，进逼不紧，给了调整身法的余地，你也能比较理想地化掉对方的进攻。

总之，第二层功夫期间，不管进攻和走化都是勉强的，往往是先下手为强，后下手遭殃。此时尚未完全达到舍己从人，随机应变，虽能走化，但还易出现丢匾和顶抗等毛病。因此，在推手时不能按掤捋挤按的次序进行，所以说："二阴八阳是散手。"

第三层功夫

"要想拳练好，必把圈练小"。练习陈式太极拳的步骤，即由大圈到中圈，由中圈到小圈，由小圈而无圈。所谓"圈"并非指手脚运行的轨迹，而指内气疏通。第三层功夫是由大圈而至中圈的阶段。

拳论中说"意气君来骨肉臣"，即练习太极拳时要着重用意。在第一层功夫中，思想注意力主要集中在学习和掌握太极拳的外形姿势，第二层功夫时注意力主要是发现运动中身手内外产生的矛盾，调整身法，达到内气贯通。进入第三层功夫，已经疏通了内气，要求用意不用力，动作轻而不浮，沉而不僵，即外柔内刚，柔中寓刚，周身相随，禁忌妄动。但不可只顾想气在体内如何运行而忽视动作，否则，就会产生神态呆滞，致使气不仅不能畅通，反而会造成气势涣散的病象。所以说，"在神不在气，在气则滞"。

在第一层和第二层功夫中，虽已掌握了外形动作，但内外尚未合一。有时应该吸气，由于动作僵滞，吸不满；应该呼气，由于内外不合，呼不净。所以，练拳时要求自然呼吸。而进入第三层功夫，动作比较协调，内外基本上合一，一般的动作与呼吸能自然准确地配合，但对一些比较细致、复杂、疾速的动作，还需有意识地注意与呼吸的配合，进一步使动作与呼吸协调一致，逐步达到顺其自然。

第三层功夫基本掌握了陈式太极拳内外要求和运动规律，有了自我纠正的能力，动作比较自如，内气比较充足。这时需进一步了解拳势的技击含义和使用方法，要多练推手，检验拳架、内劲和发劲，以及化劲的质量。如拳架能适应对抗性的推手，则证明掌握了拳架要领，进一步下功夫就会更加充满信心。这时可加大运动量，增加一些辅助练习，如抖大杆子、练行功太极球、行功太极棒以及刀、枪、剑、棍等器械和单势发劲，这样练习两年时间，一般即可进入第四层功夫。

第三层功夫虽然内气贯通，动作比较协调，在不受外界干扰，自己练习的情况下，内外也能够合一，但内气还是比较薄弱，肌肉的活动与内脏器官之间建立的协调关系还不够稳固。因此，在对抗性推手和技击时，遇到一般比较轻缓的进攻能够舍己从人，随机应变，因势利导，引进落空，避实击虚，运化自如。而一遇劲敌，就会感到掤劲不足，有欲将身法压扁之意（有可能要破坏不倚不偏、八面支撑、立于不败之地的身法），尚不能随心所欲，亦不能如拳论中所说的那样"出手不见手，见手不能走"。引进和发放对方，也往往生硬和勉强。所以说："三阴七阳犹觉硬。"

第四层功夫

第四层功夫是由中圈而至小圈阶段，功夫已显高深造诣，接近成功。对具体练习的方法、动作要领、逐势的技击含义、内气运行，以及注意事项、呼吸与动作的配合等，都已完全掌握。但练习中还应注意，伸手迈步都需有临敌之意，即假设周围都是敌人。一招一势，要连绵贯串、周身相随，承上启下皆有中气收放、宰乎其中，练拳时"无人如有人"。真正遇敌交战，要做到胆愈大，心愈细，"有人如无人"。其练习内容（如拳、器械等）与第三层功夫相同，只要坚持不懈，一般三年时间即可进入五层功夫。

第四层功夫在技击方面与第三层功夫差别很大。第三层功夫是化掉对方进攻的力，解除本身的矛盾，使自己主动对方被动，而第四层功夫则可以连化带发。其原因是，内劲已经非常充足，意气换得灵，周身组成的体系比较巩固。因此在推手时，对方的进攻威胁不大，触着即变换身法，很容易地将其来力化掉，表现出随人之动而不断改变方向，不丢不顶，内部调整，处处意在人先，动作小，发劲干脆，落点准，威力大的特点。所以说："四阴六阳类好手。"

第五层功夫

第五层功夫是由小圈而至无圈，有形归无迹阶段。拳论中说："一气运来志无停，乾坤正气运鸿蒙，运到有形归无迹，方知玄妙在天工。"第五层功夫期间，动作已经非常活顺，内劲十分充足。但需要精益求精，仍然是费一日之功力，即可得一日之成效，直至身体空灵，变化无端，内有虚实变换，外面看不见，这才是完成了第五层功夫。

在技击方面达到刚柔相济，松活弹抖，周身处处皆太极，一动一静俱浑然。即身体各部位都相当灵敏，周身无处不似手，挨着何处何处击，蓄发相变，八面支撑。所以说："惟有五阴并五阳，阴阳不偏称妙手，妙手一运一太极，太极一运化乌有。"

总之，完成第五层功夫，大脑皮质中兴奋与抑制、肌肉收缩与放松、肌肉的活动与内脏器官的活动都已建立了巩固的协调关系，即便偶然受到袭击，也不易使这种协调动作受到破坏，并能随机应变。但是还应继续深造，精益求精。

科学发展是永无止境的，太极拳的锻炼也是如此，终身不可尽其妙也。

第四章 后记

第一节 我的太极"苦"旅

（一）

1990年暑假，我大学毕业，回老家等待分配工作。在一次同学聚会时，中学同学李文生对我说：你在家没啥事，不如我带你去见个人，功夫好得很，如果感兴趣，你可以跟他学学太极拳。我那时年轻气盛，不以为然，自以为之前学过少林派大、小洪拳，读大学时又学过国家规定套路，也练过散手、拳击，太极拳不过是老年人的健身方式，技击上能有什么用处？见我不相信，李文生极力撺掇我当面一试，搞得我半信半疑了，答应他有空一起去拜访那位功夫了得的老人。

那是7月的一天晚上，我俩相约来到李怀玉老人家。当时，李老在家里正练书法，看我们来访，热情地为我们泡上茶，边品茶，边聊天。在李文生说明来意时，老人立刻谦虚地说："我没他们说的功夫那么好，只不过锻炼身体而已。"从老人的言谈举止中，我能感受到老人不同寻常的儒雅风范。谈起太极拳，老人口若悬河，滔滔不绝，但我当时是一点也没听懂。最后，李文生建议我跟老人试试手，老人同意了。当时我心里想，这一拳打过去，老人近60岁的年龄，能行吗？李老显然看出了我的疑惑。他说："你不必有啥思想负担，随便怎样用招都可以。"狐疑间，我拉开架势开始进攻，一个直拳猛地向李老当胸打去。奇了怪了，我的手还没有接触到他时，自己的身子已经向一旁跌出。我又用"虎扑"双手推向他的前胸，手还没有伸直时，他的手已搭在我的手上了。我想进攻，却进不去，想抽手，我的手好像被他的手粘住了一样，抽不回来，感觉自己就像站在摇摆不定的小船上，随时都可能摔倒，完全受老人的随意摆布。最后，我被老人轻轻地推贴到墙上。老人笑着说，这叫"贴烧饼"。我被这种奇妙的拳术完全吸引住了，也被李老的高深功夫折服。打那时起，从李怀玉老师那里，我开始了漫长的太极拳艰苦旅程。

  李怀玉先生，1932年5月生于徐州市。11岁时，拜韩崇信为师，学习书法。由于其体弱多病，韩先生开始教他传统杨式太极拳及推手技艺。后来，恩师李怀玉又师从徐州武术名家张仁甫、吕成印两位先生，继续深造太极拳、形意拳、八卦掌及推手。中华人民共和国成立初期，恩师又有幸得到邓宝光的亲手指教，拳艺精进。恩师天资聪颖，性情率真，练拳能吃苦，深得四位老师的钟爱，尽得真传，功力深厚，成为徐州市武术界的一代名师。

  跟李老师练拳的那段日子，现在回想起来仍历历在目，仿佛就是昨天的事情。从李老师那里，我第一次听说了太极八法：掤、捋、挤、按、採、挒、肘、靠；知道了太极十三势；学习了四正手、四隅手；也第一次听到了引进落空、借力打力、四两拨千斤等神奇的太极理论。李老师教拳是极其严厉的，一个式子搞不明白，练不正确，绝不放过，更不会向下教。所以，我刚开始学拳时进度很慢。当时，我真感到很枯燥乏味。现在想想，如果没有那时打下的扎实基础功底，不可能有我今天的成就。

  我跟随李老师学了五年，是他把我从一个太极拳的门外汉引入了太极拳这个古老而神秘的殿堂。

  衷心感谢恩师李怀玉先生！

（二）

　　1995年8月，因工作调动，我举家迁至徐州市区，到徐州市第六中学任教，不得不离开恩师李怀玉先生。虽如此，但我每天练功不辍。这样坚持了几个月，总是自感水平有限，进步不大，认为自己尚不具备指导自己、自我纠偏的能力，因此，我决定重新找一位指导老师。

　　从1996年初开始，我用了近四个月的时间，几乎跑遍了徐州市区的习武场所，到处留心观摩别人的功夫。那年春天的一天，在淮海战役纪念塔公园东南角的一片空地上，我见到了一位满头花白头发的老人在教拳，其拳法紧凑、小巧灵活、手法缠绕多变。老先生在和弟子试手拆招时，那些年轻力壮的弟子不是触手即倒，就是踉跄跌出。我上前一问，方知他们练的是太极拳一代宗师洪均生先生所传的陈式太极拳实用拳法，而这位白发老人正是洪均生的得意弟子王贯先生。巧合的是，他跟我师父李怀玉是老朋友。因此，经李怀玉老师同意，王贯先生很乐意收我为徒，成为我的第二位师父。

　　王贯先生出生在有浓厚习武民风的沛县，自小随乡人习武，涉猎广泛。他是中华人民共和国成立前的师范生，文字功底深厚，对中国古代儒、释、道均有研究，正是他深厚的文化底蕴使他对太极拳的理解独到而精辟。可以说，王贯先生虽不是声名显赫的"名"师，但他是当之无愧的"明"师。因此，在跟随王老师的几年期间，不但我的太极拳功夫取得了长足的进步，而且我的太极拳理论也得到较大提升。"没有理论的实践是盲目的实践，没有实践的理论是空洞的理论"，正是有了正确的理论做指导，我的综合竞技水平也得到快速提升。

　　此外，我的师兄李会中、郭刚等，都是王贯先生的得意弟子，学拳多年，有着深厚的太极拳功力和丰富的实战技击经验，在徐州当地具备相当高的声誉。他们从没有对我这个新学员保守，毫无保留地把自己的学拳经验传授给我。在我参加重大比赛前，他们主动做我的陪练对手，是他们甘为人梯，无私的传授，帮助我快速提高了太极功夫。

几年后，王贯老师认为我的太极拳功夫已达到相当水平，鼓励我主动参加一些大型比赛。2000年，我和徐州武术名家余永堂先生一起到焦作，观摩了国际太极拳交流大会。此次观摩让我大开了眼界，同时，也为自己确定了具体的奋斗目标。当年11月，我报名参加珠海全国太极拳交流大赛，一举获得陈式太极剑金牌、陈式太极拳银牌、80公斤级太极推手第二名，初试牛刀，崭露头角。

（三）

赛后回到徐州，我怀着喜悦的心情立刻去看望王贯老师，汇报比赛情况。王老师肯定了我取得的不俗成绩，对我为师门争光添彩感到高兴。让我至今感动不已的是，王老师主动推荐我去陈家沟找他的好朋友、当代国际太极拳大师陈庆州先生学习。每每忆及此事，我都心怀感恩，能把自己的即将成名的弟子主动推荐给别人，足见王贯老师胸襟宽广。我习武一生，能得遇如此武德高尚的恩师，实在是我的造化！

2001年春节时，我利用放寒假，赶赴太极拳圣地——河南温县陈家沟。那个年代的温县尚处于很贫穷的状态，我记得去的那天是大年初三，整个温县县城的饭店都关门歇业了，想买点吃的都没有，后来知道那时当地大年初八前都没有营业的。我是大年初三凌晨从徐州乘坐的火车，到了郑州再转乘长途汽车，到温县时已是下午三点左右。买不到吃的，我只好饿着肚子步行五公里，一路打听，一路走着去往陈庆州老师所住的村庄——林召乡徐吕村。冬季酷寒，雪后的羊肠小道泥泞不堪，甚至几无下脚的地方，一眼望不到头。好不容易蹒跚着走到陈庆州老师家时，早已是满腿泥巴，脚上的鞋子已看不出原先的样子了。

  我并不是第一次见到陈庆州老师。2000年8月底，我和余永堂师兄去焦作观摩国际太极拳交流大会时，曾在大会上见过他。那次大会上，组委会专门请陈庆州老师开设大师讲堂，为来自世界各地的太极拳友解惑答疑。陈大师不厌其烦地辅导外地拳友，其高超的技艺和精湛的太极理论广受好评，特别是以陈大师的名望和近70岁的年龄，原本可以用理论和言语指点拳友即可，他却让拳友在他的身上亲自试验。这在当时开设大师讲堂的众大师中，只有陈大师一人是实实在在地跟拳友们切磋交流的。当时，我在现场看到陈大师轻轻松松化解了一个个拳友的进攻，谈笑间制服一个个对手，切切实实感受到了太极拳的精妙。王宗岳太极拳经有云："察四两拨千斤之句，显非力胜；观耄耋御众之形，快何能为？"在这次观摩会上，若非亲眼所见，亲身感受，怎么说我也不会相信的！陈大师就是最好的见证。

  此次专程拜访陈大师前，我对老师已有初步的了解。恩师王贯也给我讲过关于陈大师的一些逸闻趣事，以及他们相识的经过。20世纪80年代末，国家武术管理部门在焦作召开挖掘传统武术大会，王贯老师代表洪均生支系参会，陈庆州大师代表陈家沟参会。组委会安排他俩住一个房间，从而相识。后来，陈大师第一次来徐州就是王贯老师邀请的，在徐州就住在王贯老师家里。两位老师白天一起切磋太极，晚上抵足而眠，常彻夜探讨武学。其中还有个插曲，王贯老师住的是徐州港务局宿舍一楼，楼下是个小院，楼上住着一个练其他拳种的老师，人高马大，年轻气盛。他看两位老师在院子里练拳，又听说陈大师来自太极拳发源地——陈家沟，主动登门，提出要交流交流。陈大师推辞再三，但这位拳师执意要试手，陈大师只得同意，并说点到为止。在王贯老师家的客厅里，两个人搭上了手。拳师快冲快打，势大力沉，步步紧逼。陈大师步步后退，转眼间被逼到了墙角。拳师用尽全力向陈大师身上扑去。说时迟那时快，也没看到陈大师用什么招式，只听拳师"哎呦"大叫一声，整个人陡然飞向旁边的沙发上。其硕大的身躯，加上急速倒地的势能，使王贯老师家的沙发不堪重负，轰然倒塌。所幸无人受伤，拳师红着脸匆匆告退了。

王贯老师后来告诉我，推荐我去温县拜师陈庆州大师的原因。陈大师身高170厘米左右，体重不足60公斤，是个非常瘦弱的普通老人，但他身上瞬间能发出的巨大能量，正是太极拳修炼者正确修习、长期积累的综合体现。我想这就是所谓的惺惺相惜吧！

此次零距离接触陈庆州大师，才知他丝毫没有架子，待人接物和蔼可亲。他看我鞋子湿透了，满是泥泞，赶紧从家里为我找来一双干净的棉鞋换上。听说我还没吃饭，马上安排家人为我生火做饭。正因为我是王贯老师推荐来的，他非常高兴，当即安排我学拳的时间，解决住宿问题。我能明显感受到，他看我一个人大过年的不在家里过年，而是不远千里上门求学，心情很是激动。这让我和陈庆州大师的心一下子走得很近，这是太极拳魅力使然，也是一个老拳师传承责任使然。

第一次去温县学拳，我在陈大师家住了十天，也是苦练了十天。期间，大师专门带我去拜祭太极拳始祖陈王廷，并拜访了陈家沟村的诸多老拳师。原来，陈庆州大师原籍就在温县陈家沟，爷爷辈时从陈家沟村迁出来。因他年轻时体弱多病，1962年，在其父陈五芳的要求下，正式拜陈式太极拳第十代宗师陈照丕先生为师，潜心学艺，刻苦练功，练拳健身，其原本病弱的身体不但彻底练结实了，更是因为其身怀绝技，不用力量而精于"走化"，被称为"太极隐士"，成为当代太极拳大师中的佼佼者。

陈庆州大师让我看到了太极拳的另一种境界练法,为我的学拳大道指明了方向,我愿追随大师,不断攀登更高的山峰!

(四)

那年春节过后,我从温县回到了徐州,可以说满载而归。自此,我每天早上天不亮就起床,先是到工作单位带领校田径队训练,训练结束吃完早饭就匆匆赶往学校附近的淮海战役纪念塔公园内练功,每次练功时间不低于4个小时。淮塔是徐州市著名的公园。公园淮塔碑林北面的树林是我固定锻炼的地方,非常幽静,很适合自己潜心修炼。在这里,我洒下六年的汗水,大大提升了我的太极感悟。

六年间,我基本保持每月去一趟温县学拳。因为我是中学体育老师,自由时间相对富余。遇到学校正常上班的季节,一般周五完成教学任务,下午匆匆忙忙地赶到徐州站坐火车,晚上11点到达郑州,再花1.5元在郑州火车站铁路浴室睡上一觉。第二天一早,坐最早开往温县的长途汽车,早上6:00就能到达温县县城,然后再跑步半小时到徐吕村,恰好赶上陈老师的早课。如饥似渴地学习一天半时间,周日午饭后,再从徐吕村原路返回徐州。每次晚上到家时,基本上都是午夜了。次日周一一大早,赶到学校正常上班,一周内除了完成学校的日常教学工作外,就是消化体悟温县之行的学拳收获。学校放寒假时,每年都是先在徐州陪家人过大年初一,年初二就到徐吕村,跟着陈老师一直练到元宵节,直到学校开学才返回徐州。暑假时,去老师家少则一个月,多则50天,基本上假期结束回到徐州时,连说话都是一口地道的河南温县口音了。

第四章 后记

陈老师教拳一般是一天三练，早上6:30—7:30，上午9:00—11:30，下午3:30—5:30。兴许是老师偏爱，并对我寄予厚望吧。在跟随老师的六年时间里，他每天晚上都在他家后院的简易练功房里，单独为我开小灶。需要陪练时，他老人家会安排王国营、郭小华、陈辉、陈剑等人与我对手。我能有今天的成就，除了感恩几位恩师，也同样感谢这些帮助过我的同门。

跟陈大师习拳很快就一年了，我被陈老师的人品和功夫深深折服，心中有了拜师的想法。2002年春节时，我正式向陈老师提出拜师，没想到他老人家当即同意。他说，他也早就相中我，但有一个条件，因我是带艺拜师，按武林规矩，需征得前面师父的同意并推荐，方可列入门墙，不然就坏了规矩，会伤害原师徒之间的感情，同时也会伤害他们朋友之间的友情。原本是王贯师父推荐我来的，这一点肯定是没有问题。当时，我也给陈大师提个条件，陈老师有朝一日去徐州，如果三位恩师聚在一起，虽然您是国际知名的太极拳大师，但我只能按照我拜师的先后顺序把您排在第三位。陈大师听完哈哈大笑，当即认可。我立即返回徐州，拜见王贯师父，说明情况。王贯师父非常支持，并写了推荐信，让我面呈陈大师。年初五晚上，我又拜会了陈老师在徐州早期的一众徒弟。当晚，在张月华师兄的陪同下，我们连夜赶赴徐吕村，初六上午10点赶到，陈老师已备好拜师的各项准备事宜。中午时分，我按照中国最传统的拜师方式，正式拜在陈庆州先生门下，成为他老人家第86位入门弟子，如愿成为陈式太极拳第十二代正宗传人。

对我个人来说，2002年是收获的一年，参加的国际和全国比赛均斩获佳绩，特别是在太极拳界公认含金量最高的焦作国际太极拳交流大赛中获得80公斤级推手冠军。三位恩师都为我感到高兴。直到这时，陈庆州师父给我说：你算进入太极拳的大门了!

为更好地传承太极,教学相长,自2002年起我开始带学生,先后带出了近10位焦作太极拳交流大会的推手冠军,其他规格的推手比赛的冠军更是不计其数。也是在这段时间里,我认识了在我以后太极拳事业上一直全力支持我,始终不离不弃的好兄弟董晓伟。

董晓伟是徐州一家银行的高管,他自幼习武,天资聪明,涉猎广泛。我在淮塔练功时,他慕名而来,想跟我学习陈式太极拳。我当时想,他是银行高管,练拳只是一时兴起吧,我没当回事就答应他了,没想到交往下来,彼此情投意合。后来,他提议我搞个正式的武馆传播太极。在他的大力帮助下,我于2006年底在徐州开设了自己的拳馆——龙之健武道馆。后来发展至7家分馆,成为淮海经济区有较大影响力的武馆之一。

后来,董晓伟想拜我为师,但我一直把他当作兄弟,就没同意。2006年5月1日,陈庆州师父过生日时,董晓伟经我介绍拜在陈大师门下,成了我的同门师弟。

陪我一路走过几十年的太极"苦旅",并给予我最大支持的是我的妻子谢淑颖女士。家里的里里外外,孩子的教育,老人的赡养,武馆的管理等事务,她都打理得井井有条,付出了巨大的心血和精力,让我在潜心太极的道路上无后顾之忧,我今天取得的一些成绩,我的妻子功不可没。借此专著出版之机会,特向我的妻子——谢淑颖女士表示最衷心的感谢!

"路漫漫其修远兮,吾将上下而求索。"每每回想我近三十年的太极拳求索之路,虽有痛苦、有汗水、有磨难,但收获更多的是友情、亲情、恩情。这些患难与共的人间真情,让我的太极拳之旅一点也不觉得"苦",却是"苦中作乐""苦尽甘来"!

第二节 龙之健·尊古陈式太极拳传承表

陈式太极拳主要传递系统表

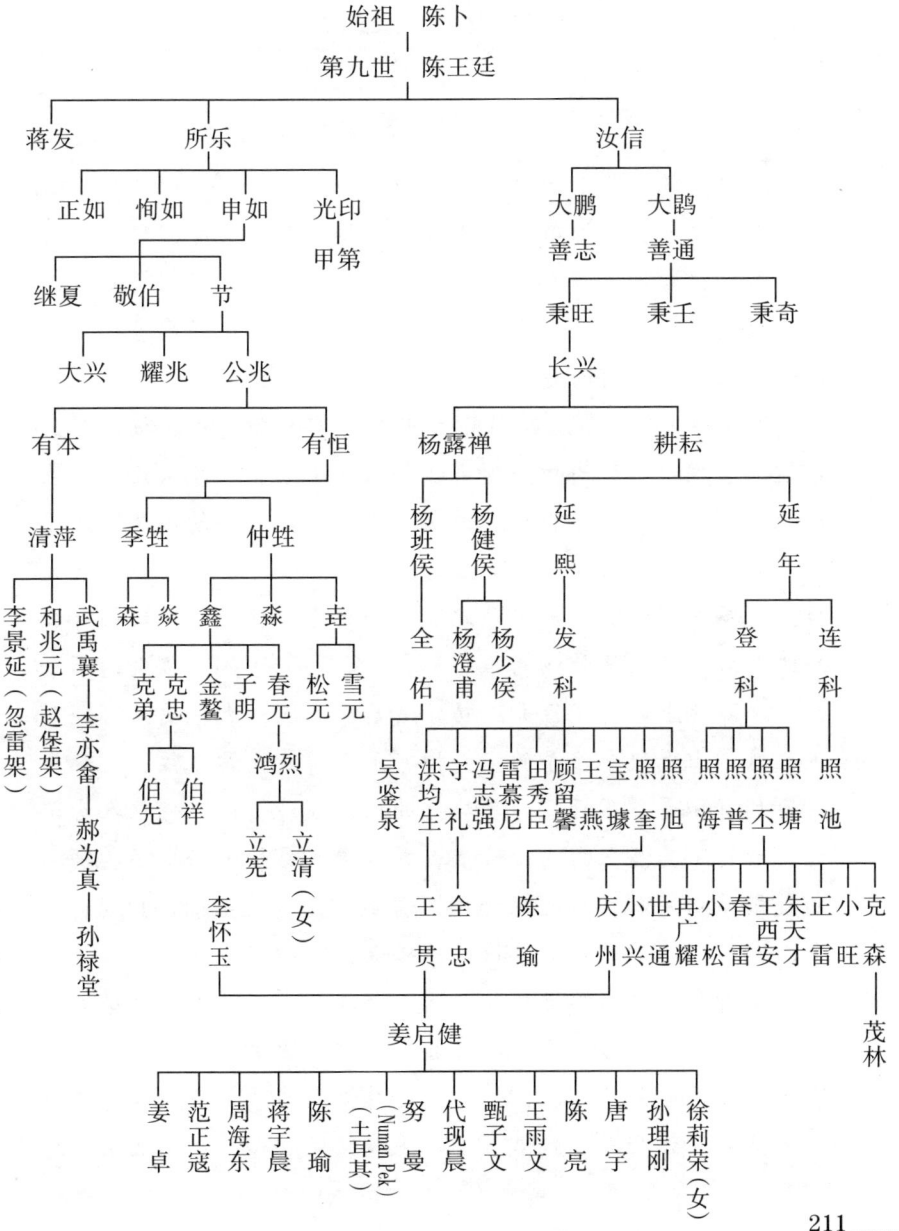

跋 一

姜启健是我同门师弟，最早听到他名字是2000年前后。我们一众师兄弟每年春节都要去济南给恩师李恩久先生拜年，当时李老师谈起洪传陈式太极拳在各地的传播状况时，提到过师爷洪均生在徐州弟子王贯的徒弟，聪明好学，练功刻苦，为人很好，以后当会有所建树。

2002年8月，在焦作国际太极拳交流大会上，我被国家武术运动管理中心聘为推手项目裁判长，姜启健在此次比赛中表现出的技术和功夫让我眼前着实一亮，他以优异的成绩取得了80公斤级推手项目第一名；在2005年焦作国际太极拳交流大会上，姜启健组队参加推手比赛，除自己以绝对优势蝉联80公斤级别冠军外，他带领的推手队，5人参赛夺得4个级别的第一名，在赛会上取得了巨大成功。姜启健本人的表现更是可圈可点，展示出太极拳推手的完美技巧，令观众大饱眼福，也让我对他刮目相看。赛后，因姜启健的出色表现，广州俏佳人音像公司看到了其潜在的商业价值，并派专人到徐州拍摄了姜师弟的太极拳功法和实战运用视频，并制作了一套4碟DVD专辑在全国发行，这是对太极拳推广传播做出的积极贡献。

随着我们之间的交往愈加深入，我越来越认可姜师弟的为人和功夫。我国传统国术精妙甚多，惟首推太极，已是共知。当下太极传播大行其道，教习者习练者众多，但当今太极拳界不乏乱象，让人痛惜惋惜。姜师弟能鉴定初心，踏踏实实地练拳教拳，实属难得。所以，当他请我为他即将出版的太极拳专著写序时，我欣然同意，乐此为序。

学习陈式太极拳，惟有真正懂得顺逆缠丝并习练上身，才算是进入太极之门，也是学好太极拳的捷径。拿到姜先生的手稿，我认真浏览数次，不忍释手，颇感受益。本书理论指导性强，注重基本功法的训练，特别是缠丝功法内容系统全面，讲解翔实，并配有视频教学，方便跟学演练，简单且实用。此书之成融合了姜师弟数十年习练的心得体会，弥足珍贵，值得广大的读者认真研读。

北京体育大学黄康辉写于北京
2019年3月

跋 二

欣闻姜启健先生编撰的龙之健·尊古太极拳系列丛书即将陆续公开出版发行，实乃广大太极拳爱好者的福音。姜先生从事太极拳传播与教学工作近三十年，此番用心把陈式太极拳缠丝功的习练方法和教学经验挖掘整理出来，在定步缠丝基础上首创了活步缠丝，是太极拳修练方法的创新。他常说，"太极为道，大道至简"。初学太极拳者如能通过模仿书中教学视频，按照书中习练缠丝功的基本原则要求和训练方法，用心体悟，一定会大受裨益。看似普通简单的螺旋缠丝，却是太极拳最核心的技术，也是习练太极拳的上乘基础功法。太极拳不神秘，选对"明"师，按照正确方法科学训练，持之以恒，人人都能练好太极拳！本书专业指导性强，图文并茂，加入了扫码看视频技术，理论与实践相结合，特别适应读者现代的阅读习惯和偏好。

我与姜启健先生相识已久，我俩本是县中学多年的同学，那时只知道他喜爱武术，喜欢舞刀弄棒，喜欢抱打不平，总像兄长一样关照我们。高中毕业后，我上大学和找工作均去了外地，两人也渐渐失去了联系。2013年夏天，女儿初中放暑假，我带她去徐州云龙湖游玩，恰巧碰到姜先生在湖边演练太极拳套路。湖光山色，水波激滟，他一袭白衣，气定神闲，洒脱自然，舒展大方，刚柔相济，行拳如行云流水一般。我从未见过如此漂亮大气的太极拳，被深深地吸引住了。没想到此次再见姜先生，竟能与太极拳结缘，我成了他的学生，他成了我的太极拳启蒙老师。

  我以前身体素质差，在别人眼里，就是个单薄的文弱书生。因铁路单位性质特殊，平时出差较多，加上常年异地工作生活，饮食休息毫无规律，透支了健康，气血严重亏损，免疫力低下，各种慢性病缠身，手臂几无缚鸡之力。尽管我也很喜爱体育运动，打球、跑步等，但健身效果并不好，总感觉健康状况在走下坡路。与大多数人一样，早先我对太极拳的认识也是有较深误解的。练习太极拳的以中老年人居多，看他们打拳，慢吞吞，晃悠悠，不过就是老年人活动筋骨、打发时间的广场健身操。真正走近了太极拳，才知道我之前对太极拳的认识是多么的浅薄。

  我习练太极拳时间并不长，差不多有五六年光景，但在跟随姜老师的学拳路上没走弯路。我始终坚信，我选对了老师，选对了方向，选对了方法。可以说，我是在玩耍中轻松地明白了太极的道理，不知不觉中学会了八段锦、太极拳基本功、各式传统套路和国家推广套路、太极推手、刀剑器械等。2017年10月，在参加陈家沟太极拳精英赛决赛时，我打败了专业武校选手，取得次轻量级推手冠军。几年坚持下来，我的身体状况已得到明显改观，身体素质大幅提升，重塑了对生活的信心，整个变了一个人似的，满满的正能量，而且身上手上的功夫也水到渠成，非常感恩姜老师搭建的龙之健太极拳平台。

  这几年因出差多，也有机会接触外地教拳的拳师，总感觉当下太极拳"大师"满天飞，传统武术的传承鱼龙混杂，人心浮躁，乱象丛生。太极拳作为国家级非物质文化遗产之一，兼有中国传统释道儒哲学的辩证理念，并融合易经学、五行学、中医经络学、仿生学、吐纳导引术等学术，可颐养性情、防病治病、强健筋骨、防身自卫、技击对抗，这在世界任何武术搏击方法中都是独一无二的，是国之瑰宝，是人类共同的财富，值得我辈好好珍惜，用心传承。太极哲学即便用在政治、企业、个人的管理和修为上，都一样可以借鉴。学习太极拳，只有选定真正的"明"师，才能不枉费时间、不枉费功夫。跟着姜老师学拳，其实不单是锻炼拳脚功夫，更是头脑和心灵中的功夫学习，以及学习他用心做事，品格做人，修德至上的上乘境界。

宋代大文学家苏轼有云：宁可食无肉，不可居无竹。我虽不敢学古人在精神层面拥有如此高雅的品位和高深的追求，但太极拳已真真切切地融入了我的生命。日日练拳，静心养性，保盈持泰，追求平衡，此生已不可再无太极了。

中铁快运股份有限公司　陈万海
2019年1月，写于上海

主要参考文献

［1］陈小旺. 世传陈氏太极拳［M］. 北京：人民体育出版社，1985.

［2］顾留馨，沈家桢. 陈氏太极拳［M］. 北京：人民体育出版社，1995.

［3］陈庆州，陈氏太极拳功夫荟萃［M］. 北京：中华书局，2002.

［4］杨澄甫. 太极拳体用全书［M］. 天津：天津市古籍书店，1989.

［5］陈立清. 陈氏太极拳小架［M］. 香港：香港银河出版社，2001.

［6］陈鑫. 陈氏太极拳图说［M］. 上海：上海书店，1986.

［7］洪均生. 陈氏太极拳实用拳法［M］. 济南：山东科技出版社，1989.

［8］人民体育出版. 太极拳全书［M］. 北京：人民体育出版社，1988.